Harvard Business Review Press

Harvard Business Review
Emotional Intelligence
AUTHENTIC LEADERSHIP

オーセンティック・リーダーシップ

ハーバード・ビジネス・レビュー編集部 編
DIAMONDハーバード・ビジネス・レビュー編集部 訳

ダイヤモンド社

AUTHENTIC LEADERSHIP

HBR Emotional Intelligence Series

by

Harvard Business Review

オーセンティック・リーダーシップ　AUTHENTIC LEADERSHIP　目次

001
［日本語版に寄せて］
「自分をさらけ出す勇気」が問われる時代
中竹竜二　チームボックス代表取締役

015
1
「自分らしさ」を貫くリーダーシップ
ビル・ジョージ　ハーバード・ビジネススクール教授
ピーター・シムズ　著述家
アンドリュー・N・マクリーン　元ハーバード・ビジネススクール研究員
ダイアナ・メイヤー　元シティグループ執行役員

047
2
「自分らしさ」を保つ工夫
ビル・ジョージ　ハーバード・ビジネススクール教授

3 弱さを隠さない上司に起こる素晴らしいこと 055
エマ・セッパラ スタンフォード大学「思いやりと利他精神の研究教育センター」サイエンス・ディレクター

4 タフ・エンパシーを実践する 067
ロバート・ゴーフィー ロンドン・ビジネススクール教授
ガレス・ジョーンズ BBC人事・社内コミュニケーション担当役員

5 新入社員にはまず「自分らしさ」を意識させよ 075
ダン・ケーブル ロンドン・ビジネススクール教授
フランチェスカ・ジーノ ハーバード・ビジネススクール教授
ブラッドレイ・スターツ ノースカロライナ大学キーナン・フラグラー・ビジネススクール准教授

6
「自分らしさ」があだになる時
ハーミニア・イバーラ　INSEAD教授
085

7
オーセンティック・リーダーシップの弊害
デボラ・グリュンフェルト　スタンフォード大学経営大学院教授
ローレン・ザンダー　ハンデル・グループ創設者
113

8
マイノリティの昇進を阻む「リーダーらしさの規範」
シルビア・アン・ヒューレット　センター・フォー・タレント・イノベーション創設者
119

9 謝罪では自らの責任を認めること 127
サラ・グリーン・カーマイケル 『ハーバード・ビジネス・レビュー』（HBR）エグゼクティブ・エディター

10 リーダーは感情をあらわにすべきか 135
ゴータム・ムクンダ ハーバードビジネススクール助教授
ジャンピエロ・ペトリグリエリ INSEAD准教授
アディ・イグナティウス 『ハーバード・ビジネス・レビュー』（HBR）編集長
サラ・グリーン・カーマイケル 『ハーバード・ビジネス・レビュー』（HBR）エグゼクティブ・エディター

注 163

［日本語版に寄せて］

「自分をさらけ出す勇気」が問われる時代

チームボックス代表取締役　**中竹竜二**

人前で涙を見せるな、売られた喧嘩《けんか》は買え、弱音は吐くな。

私が生まれ育った福岡では、九州男児は、こうした「男らしさ」を暗黙のうちに求められて育つ。嫌いではなかったが、いずれも、おとなしめな性格の私には少し難しかった。

三二歳、指導者になりたての頃、何もかもがうまくいかなかった。すべてが手探りで、孤独で不安だった。指導者としての経験が一切ないままサラリーマンを辞め、日本屈指の名将の後を引き継ぎ、早稲田大学ラグビー蹴球部という伝統チームの監督となった。一部のファンからは「ダメ監督、早く辞めろ！」と誹謗中傷《ひぼうちゅうしょう》され、メディアからも「安易で無謀な挑戦」と評された。OBの諸先輩からは、叱咤、叱咤、叱咤で、ほとんどと言っていいほど激励はなかった。

監督として一年目のシーズン、決勝戦の晴れ舞台で大敗を喫して終了した。敗因は、明らかに私の力量不足だった。監督としての知識・技術・経験不足と、リーダーとしての確固たる軸のなさが、そのまま結果となって表れた。試合後、私は現実を消化し切れず、呆然と立ち尽くす選手らの前に立った時、シーズン中ずっと我慢していた想いが、涙となってあふれ出てしまった。自身の情けなさと不甲斐なさ。指導者が代わり、手探りのなか、全力で挑んでくれた選手たちへの感謝とお詫びは、いまでも忘れない。

二年目、新たなスタートを切った。背伸びせず、未熟な自分をそのまま出すことにした。相変わらずの周囲からのダメ出しや挑発は、何も抵抗せず、すべて受けた。選手らは、私に「日本一オーラのない監督」というニックネームを授け、同時に監督への期待を諦めた。その代わり、自分たちへの期待を大いに高め、学生主体のチームが再スタートした。新聞や雑誌などで監督の指導力を批判した記事が出ると「まあ、間違ってはいないな。ただし、俺たちが言うのはいいけれど、マスコミに言わせたくない」と口にし、私は選手からの不思議な愛情を感じた。

シーズンが深まり、決勝戦前日、「中竹さんは名将ではないけれど、明日は、俺たちが、名将にしてあげますよ」と、笑って肩をたたかれた。そして翌日、彼らの宣言通り、グラウンドの真ん中で、勝利の胴上げをプレゼントしてもらった。

人前で涙を見せ、売られた喧嘩は避け、弱音を吐いた。「男らしさ」「監督らしさ」「名将らしさ」とは随分とかけ離れていたと思うが、背伸びせず「自分らしさ」にこだわった。その後も、スポーツに限らず、ビジネスにおいてもさまざまな組織でリーダーを引き受け、自分のこだわりに忠実にチームづくりをしている。望む成果を出せる時もあれば、まったく出せない時もある。その連続だ。

リーダーはどうあるべきか、最終的な答えはまだ見つかっていない。私にとって「リーダーシップ」は、永遠のテーマだ。せっかくなので、本題に入る前に、皆さんと一緒に、リーダーシップ論の歴史を振り返ってみたい。

パワー構造が変わり、リーダーシップ・スタイルが多様化した

リーダーシップ論の歴史は長い。かつては、リーダーが組織のなかでリーダーシップを発揮することが当たり前で、かつ、そのリーダーは、生まれ持った統率者の資質を備えていなければ、その役に就けなかった。選ばれし者がリーダーになるべきで、それ以外は従うことを強い

られた。結果、限られたリーダーに権力が集中し、トップダウン型で物事を進め、彼らだけに支配力と威厳が高まるようになっていった。カリスマ型のリーダーが多く輩出され、世界の歴史はそのリーダーたちによって創られていった。

その後、新しい波が訪れた。生まれ持った資質を中心としたリーダーシップ論から、誰もがリーダーになれるという後天的な考えを基本としたリーダーシップ論へ移行した。一人の権威的なリーダーだけが組織を引っ張るのではなく、多様なリーダーが生まれ、これまでにないリーダーシップの形が出現した。

理由はきわめてシンプルだ。「パワー（＝力）の構造」が変わったからである。パワーとは、強さの象徴だ。かつて、より原始的で単一文化的な社会では、パワーを決定づけるものは、体力的・武力的な強さと、それに伴う権威やポジションが中心だった。

しかし、その後、時代とともにパワーの要素が激変していく。より賢い人々は、武力で制するのではなく、情報や知識によって支配力を高めた。さらには、それらを織り交ぜたコミュニケーション能力やネットワーク構築力が、近代社会におけるリーダーの影響力の源となってきている。要するに、リーダーの「強さの定義」が、大きく変遷しているからだ。

こうしたパワー構造の変化によって、さまざまな「強さ」を発揮できるリーダーシップのスタイルが生まれた。単なるボトムアップ型でなく、たとえば「サーバント・リーダーシップ」と呼ばれる支援型のリーダーシップや、「フォロワーシップ」というメンバーの主体性を引き出す形式、また「シチュエーショナル・リーダーシップ」という、状況を見極めたうえで自分のリーダーシップのスタイルを柔軟に調整し、適切にコミュニケーションをとる方法などがある。最近では、「ホラクラシー」や「ティール組織」のように、階級や上司・部下の関係が一切存在しない組織の管理体制の有効性も注目を集めている。当然、これから先も未知のリーダーシップが数多く生まれるだろう。

ちなみに「リーダーシップ」という言葉を大手検索サイトの検索ボックスに打ち込むと、二〇〇〇万件以上の結果が表示される。教科書や指南書となりそうな研究論文も書籍も山ほどある。そう、リーダーシップのさらなる混乱の時代がやってきたのだ。

これまでは、リーダーの行動パターンやそれが与える影響力、メンバーとの関係構築などに注目が集まっていた。要するに、リーダーの言動に関する「ＷＨＡＴ」（何を？）や「ＨＯＷ」（どのように？）が中心で、リーダーから外側に向けた矢印が主だった。

そこに登場してきたのが「オーセンティック・リーダーシップ」だ。リーダーに関するWHATやHOWよりも、「WHY」（なぜ？）を問う。なぜ、あなたがリーダーなのか、と。他者ではなく自分自身に矢印を向け、自分のあり方を考える。端的に言うと「自分らしさを貫く」ことを最も大切にしているリーダーシップ論だ。自分らしさを軸に、自らの目標に情熱的に取り組み、自らの価値観をぶれることなく実践していくことである。

ではなぜ近年、「オーセンティシティ」（自分らしさ）が求められているのか。簡単に補足しておこう。

環境が、地位が、自らを「べき論」で武装させてしまう

「守破離」という言葉がある。「Shuhari」と英語にもなっているこの言葉は、日本の武道や三道（茶道、華道、書道）などの修行における段階を示したもので、「守」は、師や流派の教え、型、技を忠実に守り、身につける段階。「破」は、他の師や流派についても考え、良いものを取り入れ、心技を発展させる段階。「離」は、一つの流派から離れ、独自の新しいものを生み

出す段階である。

リーダーシップ論の変遷も、これに非常に似た段階にあるのではないか。その場合、オーセンティック・リーダーシップは、「離」の段階と言える。そもそも「オーセンティック」とは、「本物の」「真正の」「確実な」という意味であり、その語源はギリシャ語の「根源となる」だ。

人々の価値観の多様化や社会変革の加速化も著しい。VUCA（Volatility, Uncertainty, Complexity, Ambiguity：不安定で不確実性が高く複雑で曖昧）の時代と称されるように、どの業界においても、未来を予測することが非常に困難になってきた。また個々人は、より多種多様なリーダーシップ論にアクセスしやすい環境のなかで、最終的にはリーダー自身の根源を大切にしながら、自分らしさを追求することが求められているのだ。

では、その「自分らしさ」とは、どのようにして手に入れることができるのか。本書には、その手がかりがたくさん詰まっている。ただし、一つ言えることは、オーセンティック・リーダーシップの習得において、唯一正しい解はないということ。だからこそ、「これが私のやり方だ」と一方的に自分のスタイルだけを振りかざしたり、自分に正直であることを言い訳にして他者を責めたりしてしまうなど、けっして「べき論」に陥らないよう注意してほしい。

ちなみに、本書では、それぞれの研究論文で思想や主張が異なり、互いに補完したり、相反したりと、章ごとにバラエティに富んだエッセンスが散りばめられている。その多様性や矛盾を楽しんでもらいたい。

自分自身のなかにある根源的な自分らしさ。それを、自覚し、首尾一貫して発揮していくことが、オーセンティック・リーダーシップだ。根源的とは、内側に潜む本当の自分ということである。親や先生、上司や部下、友人や同僚など、社会や周囲からの多大な期待が寄せられる現代では、リーダーに限らず誰しもが、自然体でいることはますます難しくなっている。

日常的な情報や知識の流出や。SNSによるセルフプレゼンテーション（自己開示）は、人々の嫉妬心や競争心、不安を無意識的にかき立てている。だからこそ、本人ですら「本当の自己」を認識するのに困難を伴うのだ。周囲からの期待に固執し、褒められることや怒られないようにすることだけに目を向けて生きてきた人は、自分自身をごまかしていると同時に、結局は、他者をもだまして生きていることになる。要するにそれは、表面的に生きていることの証しであり、オーセンティックの真逆とも言える。

発達心理学の権威であるロバート・キーガン氏は言う。「人は組織に入ると自分を装飾する。

我々は、このもう一つの仕事（自己の装飾）に多大な注意力と時間をかけている」と。要するに、誰しも、特にリーダーは、自分が優れている、または馬鹿と思われないように、知らず知らずのうちに自分を武装する傾向がある。情報や知識を得ることで、たとえば、課長は、部長は、社長はこうあるべきだという「べき論」という社会的な武器も手に入れてしまう。

我々は、表面的な振る舞いや体裁を気にしたリアクションをするリーダーには、心を揺さぶられることはない。なぜなら、人間はそれを無意識のうちに見抜いているからだ。最悪なのは、相手から見抜かれていることにも気づかず、ましてや、自分が表面的であることにさえ気づいていないことだ。

リーダーには、自分をさらけ出す勇気が求められる

では、根源的な自分らしさを知るためには、何が必要なのか。それは紛れもなく、高い自己認識力（セルフ・アウェアネス）だ。そのための有効な方法の一つは、「自分をさらけ出す」こと。特に、弱みを隠すことなく、恥を素直に認め、周知していくことだ。

実際、リーダーにはとてもハードルが高い行動だ。参考となる事例を一つ紹介したい。

「この立場になってから、自分がいかに統括部長としてのあるべき姿で接していたかがわかりました」

組織の成果は出ているし、チームワークもそれほど悪くない。ただし、本当の意味でのチームの「つながり」の弱さを薄々感じていたのは、リクルートマーケティングパートナーズの徳重浩介氏、オンライン学習サービス「スタディサプリ」で有名な、まなび事業の営業統括責任者の言葉だ。ロジカルでスマート、成果に厳しく、短期間での結果を出してきた同社でも期待高き若手エリートの一人だ。

「統括部長は数字や成果に厳しくないといけないと思い、勝手に統括部長像をつくり出していた。あるべき論をかざして、相手の立場で話を聞くことを、なかなかできていなかったと思う。だから、心を改めて、メンバーの考えを傾聴してみます」

彼も最初は、「いまさら傾聴なんて、すごく恥ずかしいし、やりたくないですよ」と言っていたが、最後は「僕がやらないと誰もやらない、その恥は無駄ですよね」と自身を納得させた。

これまでのクールで厳しいキャラクターを脱ぎ捨て、愚直に傾聴した。しかし現実は、そう簡単には受け入れられなかった。周囲からは「パフォーマンスだろうか」「ホントは変わっていないのではないか」といった声も少なからず聞こえてきた。

自らと戦い悩んでいる過程で、相談された一言。「どうやったら、本当のつながりって、生まれるんですかねえ」

沈黙を挟み、私は、質問で返した。

「どうやったらつながりができるか、ではなく、徳重さんが、どれだけ皆とつながりたいかを、本気で伝えていますか」

彼は、まもなく、再チャレンジに踏み切った。事業部の主要なリーダーら二〇人の前で、素直な想いを語ったのだ。売上げや成果、理屈や大義ではなく、孤独から湧く寂しさを認め、「本当はもっともっと皆とつながりたい」と思いの丈《たけ》を語った。人生で初めて見せた、男の涙とともに。

そこから、まなび事業部はあふれる活気のなかで、飛躍的な成果を上げることができた。

本音や弱さをさらけ出すことの重要性と有効性は、第3章に詳しく書かれている。では、どうして、自分をさらけ出すことが、強い影響力を持つのか。

先述のパワー構造を思い出してほしい。これまでのリーダーのパワーの変遷は、体力・武力から始まり、情報・知識や技術、そしていまや、コミュニケーション能力やネットワーク構築力へと移り変わってきた。これからの時代は、「自分をさらけ出す勇気」が一つのキーワードとなるだろう。

他者に弱さを見せることは、恥ずかしいし、危険なこと。一方で、誰もが認めるその怖さ（＝障壁）を自ら打ち破る勇気こそ、裏返すと、「強さ」の象徴とも言えるのだ。恥を恐れず、周囲の評価や「べき論」から解き放たれ、自分が心からやりたいことに、首尾一貫して、自分らしく突き進む姿は、リーダーだけでなく、誰にとっても、パワフルに感じるはずだ。そして、その勇気は伝染するのだ。

＊　＊　＊

本文を読み始める前に、一つお伝えしたいことがある。守破離の修行プロセスと同様に、リーダーが素直に学び、自身の段階を上げていこうとする時には、いったん、手に入れたものを捨てなければならない。コップにたくさんの水が入っていると次の水を足せないように、満タンになった自身の考えや哲学を、いったん外側に置く作業が必要だ。それを、学び領域では

「アンラーン」と呼ぶ。

オーセンティック・リーダーシップを獲得する際も、いったん立ち止まって、思考を空にしよう。手に入れてきた自慢の武器（スキルや知識、経験）も、培ってきた信頼も、いったん忘れてみよう。

それは、もしかしたら、つらくて怖いことかもしれない。しかしそれは、バージョンアップした本当の自分との出会いの始まりとなるはずだ。その内容に照らし、かつ、実践しながら、読み解いてほしい。

本書では、オーセンティックを「自分らしさ」と表現してきたが、それを「軸」「個性」「こだわり」と表現する人たちもいる。これまで私は「スタイル」と呼んできた。いずれも、正しい。それが真の自分を引き出すのであれば。

自然体で、弱さもさらけ出し、ありのままでいること。それがオーセンティックなリーダーであり、逆境でもぶれることがない。さあ、ぜひ、自分らしいリーダーシップを発見し、確立する旅をスタートさせてみよう。

Harvard Business Review
Emotional Intelligence
AUTHENTIC LEADERSHIP

1

「自分らしさ」を貫くリーダーシップ

ビル・ジョージ
Bill George
ピーター・シムズ
Peter Sims
アンドリュー・N・マクリーン
Andrew N. McLean
ダイアナ・メイヤー
Diana Mayer

"Discovering Your Authentic Leadership,"
HBR, February 2007.

偉大なリーダーを真似しても限界がある

この半世紀というもの、リーダーシップの研究者は一〇〇〇以上の調査研究を実施し、「これが一流のリーダーである」と言えるスタイル、特性、資質を探ろうとしてきた。しかし、理想のリーダー像を描き出した研究は一つもない。ありがたいことだ。

もし学者が正真正銘のリーダーシップスタイルなるものを突き止めたりしていれば、それを再現するために、皆、汲々としていることだろう。それに、これは仮面であり、本当の人格ではない。周囲もそれを一目で見抜くことだろう。

誰かの真似をするとは、本来の自分を偽ることである。他人の経験に学ぶことはできるが、他人になりすましても無意味である。信用は、誰かを真似ている時ではなく、ありのままの自分を表現できている時に得られるものだ。

アムジェンのCEO兼社長ケビン・シェアラーは、一九八〇年代にジャック・ウェルチの下で働き、かけがえのない経験を得た。個人崇拝の負の部分をつぶさに観察できたのである。彼はこう語っている。

「当時は、誰もがジャック・ウェルチのようになりたがっていました。ですが、リーダーシップにはいろいろなスタイルがあります。自分らしさを忘れるべきではなく、他人を真似るべきではありません」

この五年間、リーダーシップに根深い不信感が生まれてきた。裏返せば、二一世紀には新しい種類のビジネスリーダーが必要であることがだんだん明らかになってきたのである。二〇〇三年に上梓されたビル・ジョージの著書（注1）は、「自分らしさを貫くリーダーになりなさい」というメッセージを若い世代に訴える内容であった。

「オーセンティック」、すなわち「自分らしさ」を貫くリーダーは、自らの目標に情熱的に取り組み、自らの価値観をぶれることなく実践し、知識だけでなく感情の面から人々を引っ張っていく。実りある人間関係を長期的に築き、自らを律することで結果を出す。それもこれも、自分自身をよく知っているからである。

この本の読者には経営者もおり、「自分らしさを貫くリーダー」になりたい、その方法が知りたいという声が多数寄せられた。これを受けて私たちは、「自分らしさを貫くリーダーになり、それを継続していくにはどうすればよいのか」という課題に取り組むことになった。

そこで、一二五人のリーダーたちにインタビュー調査を実施し、どのようにリーダーシップを伸ばしてきたのかについて尋ねた。リーダーシップ開発に関するこの手の調査としては、過去最大規模と言えるだろう。そこでリーダーたちは、自分の可能性をいかに現実化してきたかについて率直に語り、自分の半生、苦労、失意、そして成功について忌憚なく話してくれた。

調査対象者の年齢は、二三歳から九三歳にまで及んだ。一〇歳ごとに区切った年代別に、それぞれ一五人以上が含まれている形だ。対象者の選考基準は、リーダーとしての自分らしさと能力において定評があること、私たちの直接の知り合いであることだが、一部、これらリーダーや学者から紹介された者も含まれる。

その結果、人種、宗教、出自、国籍の点で、多彩な男女を集めることができた。半数はCEOで、残りは企業や非営利団体のリーダーである。ベテランもいれば、まだ修業中のリーダーも混じっている。

インタビュー調査の結果、これまで数多の研究がなされているにもかかわらず、「理想のリーダー像」が描かれていなかった理由がよくわかった。実際、三〇〇〇ページに及ぶ調査記録を分析したところ、リーダーとして成功する条件と言えるような、共通の特徴、特性、スキル、スタイルが何一つ見出せないことに驚いた。

リーダーシップはその人の人生経験に大きく影響される。意識的か無意識的かを問わず、彼ら彼女らは現実世界での経験のなかで試され、自らを振り返っては「自分自身の本質とは何か」について理解しようと努めてきた。そうするなかで、リーダーシップの目的を悟り、自分らしくあることがリーダーとしての能力を高めることを学んできた。

これは、まったく勇気づけられる事実である。リーダーとしての特性や資質はけっして生来的なものではなく、何か背中を押してくれるきっかけを待つ必要もなく、あまつさえ組織のトップに立つ必要もない。自分の可能性はいますぐにでも発見できる、ということなのだ。

調査対象者の一人、ヤング・アンド・ルビカムで会長兼CEOを務めたアン・ファッジはこう述べている。「ビジネスであれ、政治であれ、ボランティアであれ、誰もがリーダーの素質を持っています。問題は、自分自身をよく知り、リーダーシップを発揮することで周りの人たちの役に立てる場所を見つけられるかどうかです」

自らの内にある自分らしいリーダーシップを見つけるには、自己成長への努力が欠かせない。音楽家やアスリートたちと同様に、生涯をかけて自らの可能性を追求しなければならない。

スーパーマーケットのクローガーでＣＥＯを務めるデイビッド・ディロンの経験によると、優れたリーダーの大部分は独学でそうなったという。「私は部下たちに、こんなアドバイスをします。『教育を会社に頼るな』。自分を育てるのは自分の責任なのです」

本稿では、インタビュー調査で明らかになった教訓に基づいて、自分らしさを貫くリーダーになる方法について説明したい。それには何よりもまず、自分史を整理して、それを単なる傍観者として眺めるのではなく、自己認識《セルフ・アウェアネス》を高めるように自分の経験を顧みることが必要だ。

自分らしさを貫くリーダーは、自己認識がすべての行動の基礎になっている。そのため、自身の信じる価値観や原則を実践し、時には大きなリスクを負うこともいとわない。

そして、行動の動機が価値観と報酬のどちらかに偏ることのないよう、慎重にバランスを図っている。また、強力な支援者たちを身近に置き、堅実で一貫性のある生活を送っている。

自分史に学ぶ

自分らしさを貫くリーダーシップへの第一歩は、自分の半生について理解することにある。

自分史はさまざまな経験に意味を与え、人はそれによって、社会のなかでなすべきことを見つけることができる。

かつて作家のジョン・バースが書いたように、「自分史はあなたの人生そのものではない。あなたが語る物語である」。言い換えれば、肝心なのは人生に起こった事実ではなく、それをあなたがどのように意味づけて語るかなのだ。

自分史は、あなたの頭のなかで鳴り続けるエンドレステープのようなものだ。人生における重要な出来事、人との触れ合いの記憶を何度も繰り返し再生し、その意味を理解する。そして、社会における自分の正しい居場所を探すのである。

自分らしさを貫くリーダーの自分史には、ありとあらゆる種類の経験が詰まっている。両親、クラブ活動のコーチ、教師、先輩からの影響などである。多くのリーダーは、苦労した経験から自分の動機は生じていると言う。たとえば、失業、病気、親友や親族の死、周囲からの疎外感、迫害感、孤独感などである。

しかし、自分らしさを貫くリーダーは自分を被害者と考えることなく、人間成長を促すような経験をきっかけに、自らの人生に何らかの意味づけを施してきた。その際、さまざまな出来事を見つめ直し、時には艱難辛苦《かんなんしんく》に立ち向かい、人々の先頭に立つというエネルギーを手に入れたのである。

ある一人のリーダーに注目してみたい。ノバルティスの元会長兼CEOダニエル・バセラの語る自分史は、今回の調査対象者のなかでも、とりわけ苦難に満ちたものだった。

彼は少年期の苦労を乗り越えて世界の製薬業界の頂点に立った。その軌跡をたどれば、自分らしさを貫くリーダーへの道を進むうえで、避けては通れない試練について理解できるだろう。

バセラは一九五三年、スイス・フリブールの質素な家庭に生まれた。少年時代は病気がちで、そのため「将来は医師になりたい」という気持ちが芽生えた。四歳の時に食中毒で入院したことを覚えていると言う。五歳の時には喘息にかかり、スイス東部の山岳地で二度夏を過ごした。四カ月も親元を離れたわけだが、預けられた先の世話人が酒びたりで、彼が何かねだっても、まるで取り合ってくれず、とても嫌な思い出だったそうだ。

八歳の時には結核から髄膜炎になり、一年間サナトリウムで暮らした。両親が会いに来ることもまれで、彼は一人淋しくホームシックになり、とてもつらい一年だった。

彼は腰椎穿刺《ようついせんし》の際に、何人もの看護師に押さえつけられた痛みと不安を、いまもありありと思い出すと言う。ある日、新しい医師が来て、治療の進め方について時間をかけて一つひとつ説明してくれた。幼いバセラは、身体を押さえつけるのはやめて、看護師の手を握らせていてくれと医師に頼んだ。

「驚いたことに、そうすると治療は痛くなくなったのです」とバセラは回想する。「後で、医師に『どうだった』と聞かれました。私は身体を伸ばして彼に抱きつきました。このように人間らしく、寛容、いたわり、共感を示されたことがとても嬉しくて、これが自分の将来について大きく影響したと思います」

バセラの少年時代は、不安定と動揺の連続だった。一〇歳の時には、がんで二年間闘病生活を送っていた一八歳の姉がこの世を去った。三年後には、父親が外科手術で命を落とした。母親は家計を支えるために遠くの街に働きに出て、三週間に一度しか家に帰ってこなかった。

一人家に残された彼は、悪友たちとビールを飲んではけんかに明け暮れた。荒れた生活が三年ほど続いたが、初めての恋人に出会い、その愛情によって彼の生活はようやく変わり始める。

バセラは二〇歳で医学部に入り、優秀な成績で卒業した。医学部時代には、過去の経験を受け入れ、被害者意識を捨て去ろうと、求めて心理療法を受けた。心理分析によって自分史を整理することで、ただ医師になるのではなく、たくさんの人たちの役に立ちたいと願っていることに気づいた。

研修医生活を終えたバセラは、チューリヒ大学病院の主任医師の職に応募した。しかし、選考委員会に若すぎると判断され、願いはかなわなかった。半ば予想していたとはいえ落胆したバセラは、もっと能力を磨いて医学界に大きな影響力を振るう人物になろうと決心した。

当時彼は、金融とビジネスにも興味を持っていた。サンドの製薬部長と話していた時のことだ。彼から米国の関連会社で働かないかという誘いを受けた。こうして米国の刺激的な環境で五年を過ごしたバセラは、まず営業担当者として、次に製品担当マネジャーとして大いに活躍し、サンドのマーケティング部門でとんとん拍子に昇進していった。

一九九六年、サンドとチバガイギーが合併すると、若くて経験も浅いバセラが、合併後の新会社ノバルティスのCEOに任命された。CEOの肩書を得た彼は、リーダーとして開花した。

彼は、生命を救う新薬を開発することで世に貢献する、グローバルな総合医療会社を目指すことを決めた。たとえば、同社の発売したグリベックは、慢性骨髄性白血病に大きな効果があることが実証されている。

彼は、幼い頃に接した医師たちを手本に、「共感」「能力」「競争」を旨とする、まったく新しいノバルティスの企業文化を構築した。彼の一連の努力によってノバルティスは業界の巨人として、またバセラは共感力にあふれたリーダーとして高い評価を受けるようになった。

バセラの話は、自分史に突き動かされていると語るリーダーの一例にすぎない。リーダーシップの原動力とは何かと尋ねれば、誰もが「自分を変えるような経験」だと答える。だからこそ、リーダーシップの奥義を理解するには、そのような経験を吟味することが必要なのだ。

自己認識力（セルフ・アウェアネス）の重要性

スタンフォード大学経営大学院の顧問委員会に名を連ねる七五人に、「リーダーが伸ばすべき最大の能力は何か」と尋ねてみたところ、答えはほぼ一致した。「自己認識力」である。しかし、まだリーダーとしての経験が浅い人は特にそうだが、社会における自分の正しい居場所を確かめるのに忙しく、なかなか自らの内面について深く考えることは難しい。

世の人々は、わかりやすく目に見える成功を求める。収入、名声、権力、地位、株価などである。このような成功はある程度、努力によって実現するだろうが、まず長続きしない。年齢を重ねるにつれて、「自分の人生には何かが欠けている」と感じるようになり、自分が本当になりたい人間になれていないことに気づく。

本当の自分を知るには、自らの過去をのぞき込み、つぶさに調べる勇気が要求される。この作業を経験しているリーダーはより人間らしくなり、自分の弱さを認められるようになる。

私たちがインタビューしたリーダーのうち、本来の自分に出会うまでに、とても長い道のりを経験した人として、チャールズ・シュワブの元CEOデイビッド・ポトラックがいる。

ポトラックはフットボール選手として、高校では地域リーグ代表、ペンシルバニア大学ではチームMVPに輝いた経験の持ち主である。同大学ウォートン・スクールでMBAを取得し、しばらくシティグループに勤めた後、マーケティング部長としてシュワブに入社し、ニューヨークからサンフランシスコに移り住んだ。

ワーカホリックであるポトラックは、自分の長時間勤務や成果主義の態度が新しい職場の同僚たちに嫌われている理由がなかなか理解できずにいた。ポトラックはこう語っている。

「私の実績を見れば、言うまでもないだろう、そう思っていました。私の精力的な活動が、周りの目に脅威に映っていたとは思いもよりませんでした。自分としてはあくまでも会社のために働いていただけなのです」

ポトラックはある時、上司から、「君の同僚たちは、君のことを信用していないよ」と言われ、ショックを受けた。彼は回想する。

「上司の言葉が、心に突き刺さりました。嘘だろうという感じでした。周りが自分をどのような目で見ているのか、まったくわかっていませんでした。私はトラブルメーカーだったようで、自分がどれほど勝手な人間と思われているのか、気づいていなかったのです。それでも心の奥底では、上司の言葉は本当なのだろうと思えるところがありました」

そして自分が気づいていない欠点を見つけて克服しない限り、成功はありえないと自覚した。

自己認識を妨げる最大のハードルは否認である。リーダーにも大事にしたい自我があり、触れてはならないもろさがあり、抑えるべき不安がある。自分らしさを貫くリーダーは、周囲の意見、とりわけ聞きたくないような意見に耳を傾けなければならないことを承知している。

自らの落ち度をポトラックが認めたのは、二度目の離婚を経験してからのことだった。「二度目の結婚にも失敗した時、自分にはパートナー選びに問題があると思いました」

そこで彼は心理カウンセラーにかかり、厳しい客観的事実を知らされた。「ご安心ください、妻選びには問題はありません。ただ、夫としての行動に問題があるのです」

ポトラックは自分を変えようと決意し、努力した。当人の表現によると、それはまるで「三回も心臓発作に襲われて、やっと禁煙と減量に取り組んだ男のようでした」。

現在のポトラックは新しい妻を迎えて、その建設的な批判にも慎重に耳を傾けるようになった。本人も認める通り、特にストレスのかかる状況などでは昔の悪い癖が出てしまうこともあるが、ストレスへの対処法も身につけたようだ。

「私の人生には、それなりに成功体験もあるので、これらが自尊心を支えてくれますから、批判を無視することなく堂々と受け止めることができます。やっと、自分の欠点や失敗を許せるようになって、自分を強く責めることがなくなりました」

価値観を体現する

自分らしさを貫くリーダーシップの大元となる価値観は、その人の信念から生まれてくる。

とはいえ、自分の本当の価値観は、プレッシャーのかかる状況に追い詰められてみて、初めてわかることが多い。

何事も順調に進んでいる時ならば、自分の価値観と思えるものを並べ立て、それらに従うのはそう難しくはない。しかし、自分にとって本当に大事なものは何か、一方、犠牲にしてもかまわないものは何か、このようなトレードオフに決着をつけるのは、成敗やキャリアの存亡、さらには生命の危機がかかっている時である。

そしてリーダーシップの行動原理とは、自らの価値観を行動によって表すことである。揺るぎない価値観を抱き、これを厳しい状況のなかで試すことで、リーダー行動の原則が具体的に見えてこよう。

たとえば「周囲への思いやり」という価値観をリーダー行動の原則で言い換えるならば、「誰もが貢献の名の下に尊敬され、雇用の安定が保証され、自分の可能性を思う存分に発揮できる執務環境を整える」ことになるだろう。

米国の化学品メーカー、ハンツマンの創業者であり会長のジョン・ハンツマンの例を見てみよう。彼はかつて、その倫理観が大きな試練にさらされたことがある。

彼がリチャード・ニクソン政権下で働いていた一九七二年、そう、ウォーターゲート事件直前のことである。ハンツマンは保健教育福祉省にしばらく勤めた後、ニクソン政権の実力者ハリー・R・ハルデマン首席補佐官の下で働くことになった。ハンツマンは、ハルデマンからさまざまな命令を受けたが、その時の経験についてこう語っている。

「非常に複雑な心境でした。倫理的にどうかと思う命令に従うという習慣がなかったものですから。ハルデマンの指示する仕事には怪しいものも多くて、何度となく衝突しました。ホワイトハウス全体に、倫理を軽んじる空気が広がっていたのです」

ハルデマンはある日、大統領府の意向に反対していたカリフォルニア州選出のある議員を陥れるようハンツマンに命じた。この議員が共同経営する工場が、非合法移民たちを労働者として使っているのではないかという情報があった。ハルデマンはその情報を確かめるため、ハンツマンが所有する会社の工場管理者を使って、くだんの議員の工場にひそかに非登録外国人を送り込めと指示したのだった。

ハンツマンは回想する。「人間は反射的に行動して、善悪の判断を見失うことがあります。この時は、私もすぐには判断できませんでした。直感的に『何かおかしい』と思いましたが、はっきりそう思うまでに数分かかりました。一五分もすると、内なる倫理の声が聞こえてきて、『これは正しい行いではない』とはっきり認識できました。子どもの頃から心に抱いていた価値観が目覚めたのです。私は会社の工場管理者に電話しましたが、途中でこう言いました。『やっぱりやめよう。こんなだまし討ちはしたくない。この電話の件は忘れてくれ』と」

ハンツマンは、自分の部下をこんなことには使わないと、ハルデマンに宣言した。

「政権内でナンバー2の権力者にノーと言い放ったわけです。彼は、この種の反応は不忠の印であると嫌っていましたから、それは決別を宣言したようなものです。実際その通りになりました。私は半年もしないうちに職を辞しました」

外発的動機よりも内発的動機に注目する

リーダーはそもそも、人生のバランスを崩すことなく、高いモチベーションを維持する必要がある。したがって、自分を動かす動機を理解することがきわめて重要と言える。

動機には二種類ある。すなわち、「外発的動機」と「内発的動機」である。本人はなかなか認めたがらないが、やはり外発的動機によって成功を測り、それをインセンティブとしているリーダーが少なくない。つまり、昇進や報酬であり、それによる周囲の認知やステータスを楽しみに生きているのだ。

その一方、内発的動機は、自分の人生の意味をつかむところにある。それは、自身の自分史とその意味づけに大いに関係している。たとえば、自らを成長させる、周囲の人たちの成長を助ける、社会の大義のために働く、世界をよくするなどである。

認められたいという外発的動機と仕事に満足感を与える内発的動機との間で、うまくバランスを図ることが何より重要である。今回インタビューに応じてくれた人たちの多くは、若いリーダーに対して、社会や同僚、親からの期待にからめ取られないよう気をつけよ、とアドバイスしていた。

ヒューレット・パッカード（HP）の経営幹部としてシリコンバレーで何十年も働いてきたデブラ・ダンは、周囲からのプレッシャーが常にかかっていると認める。

「物質的な豊かさを享受するための道ははっきりしています。その進捗度もわかりやすい。その道にあえて逆らうと、『ちょっとおかしいんじゃないか』と、いらぬ心配までされます。物欲の虜にならずに済む唯一の道は、自分の満足感や幸福感が何によってもたらされるのかを理解することです」

世間の評価基準に背を向けるのは、必ずしも簡単ではない。成果主義志向のリーダーは、若い時からそのような基準を次々にクリアし、それが当たり前になっているため、内発的動機を追求するには勇気がいる。しかしほとんどの場合、真に意義ある成功を収めるには、どこかの時点で、これまで以上の難問に取り組む必要がある。

マッキンゼー・アンド・カンパニーに勤めるアリス・ウッドワークは二九歳。すでに人目を引くほどの成功を収めているが、次のように語っている。

「私が考えていた『成功』のイメージはごく単純なもので、子どもの頃に褒められ、評価されたことの延長にありました。ですが、決められたコースのなかでウサギを追って走るだけでは、何か意義ある目標に向けて前進しているとは言えません」

内発的動機はその人の価値観と一致しており、外発的動機よりも深い満足を与える。ニューヨーク証券取引所のCEOジョン・セインは、「私にとって、何事も非常にうまくやるということも動機になりますが、集団活動を通じて社会への影響力を高められれば、よりいいですね」と言う。

あるいはタイムの会長兼CEOアン・ムーアはこう語る。「私が二五年前にこの世界に足を踏み入れたのは、雑誌と出版業が心底好きだったからに他なりません」。ムーアはビジネススクールを出た時、一〇社以上から内定を受けていたが、あくまで出版業への情熱から、いちばん給与の安いタイムを選んだのだった。

応援団をつくる

いかなるリーダーも自分一人の力だけで成功することはできない。はた目には自信満々に見える人でも、誰かのサポートやアドバイスが必要である。確固たる人間関係は視野を広げてくれる。それがなければ、あっさりと道に迷ってしまうだろう。

優れたリーダーは、進むべき道を踏み外さないようにサポートしてくれる優秀なチームをつくる。この応援団は、不安な時にはアドバイスを、苦難の時には支持を、成功の時には祝福を与えてくれる。

特につらい目に遭った時、自分の弱さをさらけ出せる人たちと一緒ならば、心がなぐさめられよう。苦しい時には、肩書などに関係なく、ありのままの自分を認めてくれる友人は貴重な存在である。自分らしさを貫くリーダーの後ろには応援団が控えており、リーダーを認めたり、助言や意見を述べたり、必要に応じて針路を正してくれる。

応援団をつくるには、どうすればよいか。自分らしさを貫くリーダーはだいたい、配偶者、家族、先輩、親友、同僚など、さまざまな人たちからなる応援団を持っている。

このような人間関係は長い年月をかけて育まれるもので、近しい人たちと同じ経験を共有し、心の触れ合いがあったからこそ、先行きの見えない時に欠かせない信頼と自信が得られるのだ。だからこそ、リーダーは、サポートしてくれる人たちからもらったもの以上のものを与え、その互恵関係を発展させることに努めなければならない。

応援団は、まず、完全にありのままの自分でいられる相手、それでいて無条件で受け入れてくれる相手を少なくとも一人確保するところから始まる。正直に本当のことを言ってくれるのはその一人だけということも多い。

リーダーの最も近しい相手というとほとんどは配偶者であるが、なかには家族のうちの他の一人、親友、信頼できる先輩である場合もある。無条件にサポートを得られるリーダーほど、ありのままの自分を肯定しやすい。

価値観の共有、目的の共有を表現し合うことで長期的に育っていく関係も少なくない。ベンチャーキャピタルのクライナー・パーキンスのランディ・コミサーは、HPのデブラ・ダンとの結婚が続いているのは、価値観を共有できているからだと言う。

「デブラと私には、相手に寄りかかろうという気持ちはほとんどありませんが、人間としての目標、価値観、行動原理はぴったり同じなのです。『自分は何をもらって、この世界に生まれてきたのか』といった話になると共鳴し合う点が多い。人生において何をするのかにおいて一致していることが重要です」

あるいは、一人のメンターの影響で人生が変わったという例も多い。先輩と後輩の関係も、うまくいけば、相互学習、価値観の一致、成功体験の共有をもたらす。先輩に助けてもらうことばかり考えて、相手の人生への配慮を怠っていれば、その関係は長続きしない。ギブアンドテイクがあればこそである。

プライベートや仕事上の応援団には、いろいろなタイプがある。投資銀行のパイパー・ジャフレー・カンパニーの元副会長アディソン・パイパーは、アルコール依存症患者の自助グループに参加している。

「ここの人たちはCEOなどではありません。禁酒を続け、まともな生活を送り、互いに正直に弱みを見せ合い、懸命に努力する優しい人たちです。メンバーは、決められた一二のステップを踏んでアルコール依存症について語り合い、互いの行動習慣を改善するように励まし合います。このような問題について真摯に向き合い、口先だけでなく実際に行動している人たちに囲まれていられるのは、本当にありがたいことです」

筆者の一人ビル・ジョージも、パイパーと似た経験をしたことがある。一九七四年、彼は週末の研修合宿から派生的に生まれた勉強会に参加した。このグループは三〇年経ったいまも、毎週水曜日の朝にミーティングを続けている。

ミーティングでは、まず、互いの近況を語り合い、誰かに悩みがあれば相談に乗ったりした後、八人のうちの一人がテーマを選んで討論する。発言は自由であり、それゆえ突っ込んだ意見も珍しくなく、中身の濃い議論になることが多い。この勉強会がうまくいっているのは、誰もが忌憚のない考えを、批判や反論を恐れることなく披露できるからだ。

全員がこのミーティングを、人生のなかのとても大切な一部と考えている。重要な問題について、自分の考えや価値観、理解を確認できるばかりか、第三者の意見がほしい時には率直なフィードバックが得られるからである。

一貫性があり、堅実な生活を送る

生活に一貫性があるかどうかは、リーダーにはとりわけ大きな課題である。ワークライフバランスには、それを構成する要素のすべて、すなわち、仕事、家庭、地域社会、交友関係において、常に同じ人間であることが求められる。

人生を一軒の家にたとえてみよう。寝室はプライバシーに、書斎は仕事に、ダイニングは家庭に、居間は友人たちとの付き合いに対応する。さてここで、部屋と部屋との壁を取り払ったとしたら、あなたはどの部屋にいても同じ人間でいられるだろうか。

イーベイ・マーケットプレイスの社長で、ベイン・アンド・カンパニーでワールドワイド・マネージング・ディレクターを務めていたジョン・ドナフーが強調するのは、本来の自分になるとは、どのような状況でも自己認識を失わないということである。彼はこう助言する。

「自己認識を怠ると、つい周囲に流されてしまうものです。本当につらい選択もあれば、間違えることもあるでしょうが、人生における選択には、自己認識をもって臨むことが大切です」

自分らしさを貫くリーダーは揺るぎなく、自信にあふれている。ある日と次の日で別人のように見えるということがない。一貫性のある生活には規律が不可欠であり、それは厳しい時ほど大事であるが、ともすれば周囲に流され、悪い習慣に堕してしまう。

ドナフーは、一貫性のある生活のおかげで、よりリーダーシップの質が高まったと語る。

「安住の地などはありません。試練はずっと続くのです。年齢を重ねたからといってトレードオフが楽になることはないからです」

自分らしさを貫くリーダーにとって、別に仕事とプライベートはゼロサムな関係にあるわけではない。ドナフーが言うように、「子どもができてから、職場でも間違いなくより優れたリーダーになれたと思います。私生活の充実が大きいのです」。

リーダーとはストレスの多い仕事だ。部下、組織、結果について責任を負い、常に不透明な環境に対応するとなれば、ストレスは必然である。地位が上がるにつれて、自らの運命を決める権限も大きくなってはいくが、同時にストレスも増えていく。

問題は、ストレスを避けられるかどうかではなく、ストレスをコントロールして自分のバランス感覚を維持できるかどうかなのだ。

自分らしさを貫くリーダーは、堅実な生活の重要性も心得ている。家族や友人との時間を大切にするほか、運動したり、精神修行に参加してみたり、地元でボランティア活動に従事したり、生まれ育った場所に帰ってみたりする。

どれも、優れたリーダーになり、自分らしさを保つうえで欠かせないことである。

エンパワーメントする

自分のリーダーシップを発見するプロセスについてはこのくらいにして、次は、自分らしさを貫くリーダーが、部下たちに権限委譲することが、いかに長期的な好業績につながるのかについて考えてみたい。

言うまでもなく、業績の向上は、あらゆるリーダーにとって最終目標だが、リーダーシップとは、自分個人の成功でも、何でも言うことを聞く忠実な部下を集めることでもない。自分らしさを貫くリーダーならば、そのことをよく知っている。

彼ら彼女らは、組織として成功を収めるカギは、部下のいない現場社員たちを含め、あらゆるレベルで十分な権限が与えられたリーダーを配置することだと知っている。自分らしさを貫くリーダーは周囲の人間を刺激するだけでなく、権限を与えてリーダーになるように仕向ける。

人間関係を育み、周囲を力づける点で定評があるのは、会長兼CEOとしてゼロックスに奇跡の復活をもたらしたアン・マルケイヒーである。彼女が前任のポール・アレアーから会社を引き継いだ時、ゼロックスの有利子負債は一八〇億ドル、与信枠を使い切ったぎりぎりの状態だった。株価はひたすら下がり、社員たちの士気も史上最低の水準にあった。さらに悪いことに、売上げの認識についてSEC（証券取引委員会）が調査に入っていた。

マルケイヒーのCEO就任はあらゆる人を驚かせたが、マルケイヒー自身もそうだった。営業、本社スタッフとしてゼロックスに勤続二五年の彼女だったが、財務、開発、製造などの経験はない。これほどの危機に、財務経験のないマルケイヒーに何ができるというのだろうか。

CEOとしてのマルケイヒーの武器は、二五年かけて培った人脈、自社に関する文句なしの知識、そして何よりリーダーとしての説得力であった。彼女はゼロックスの一員として心を痛めており、そのことを誰もが知っていた。誰もが、彼女のために粉骨砕身した。

CEOに就任したマルケイヒーは、上位一〇〇人の幹部社員たちと会って、いろいろな課題はあるが、ずっと会社に残る覚悟はあるかと直接尋ねた。

「私を支持していない人がいるのはわかっていました。ですから、直接に会ってこう言ったのです。『これは会社のためなのです』と」

マルケイヒーが会った最初の二人は大きな事業部門のトップで、どちらも会社を去ってしまったが、残りの九八人は全員会社に残ると宣言した。この危機の間、ゼロックスの社員たちは、マルケイヒーから権限と地位を与えられ、自らリーダーとなって会社をかつての輝かしい状態に戻そうと努力した。

マルケイヒーのリーダーシップによってゼロックスは倒産を免れた。コスト削減と斬新な新製品群によって一〇〇億ドルの負債を返済し、売上げは伸び、利益率も回復した。その結果、株価は三倍になった。

＊　＊　＊

リーダーは皆、マルケイヒーのように、最後には数字を出すことを求められる。正真正銘の本物のリーダーが存在し、業績の好調さがさらにそのリーダーシップを強化していくという好循環を形成できれば、景気の波に関係なく長期的に好業績を続けることができる。

会社が成功すれば、才能ある人材が集まってくる。共通の目標に向かって、部下たちのさまざまな活動がうまく調和していく。部下自身が大きな課題に取り組むことで、周囲を活気づけるリーダーが生まれてくるからだ。

実際のところ、長期的な好業績こそ本物のリーダーを見分ける最終的な基準である。短期的な数字ならば、本物のリーダーでなくても可能かもしれないが、私たちの知る限り、長期にわたって好業績を続けられるのは、自分らしさを貫くリーダーだけである。

自分らしさを貫くリーダーには特別なほうびが待っている。個人としてどれほど大きなことをやってのけても、集団を率いて価値ある目標を達成する喜びにはかなわない。

全員でゴールに到達できれば、それまでにあった痛みも苦しみもすぐに消えてしまうものだ。そして、他者を力づけて世界をよくしたという深い満足感が起こってくる。これこそが本物のリーダーシップの目的であり、成果なのだ。

ビル・ジョージ（Bill George）
ハーバード・ビジネススクール教授。専門は経営管理論。メドトロニック元会長兼CEO。著書に『ミッション・リーダーシップ』、共著に『リーダーへの旅路』『True North リーダーたちの羅針盤』（すべて生産性出版）がある。

ピーター・シムズ（Peter Sims）
著述家。元スタンフォード経営大学院講師。共著に『リーダーへの旅路』『True North リーダーたちの羅針盤』（すべて生産性出版）がある。

アンドリュー・N・マクリーン（Andrew N. McLean）
元ハーバード・ビジネススクール研究員。

ダイアナ・メイヤー（Diana Mayer）
元シティグループ執行役員。

本稿は『True North リーダーたちの羅針盤』（生産性出版）の翻案である。

オーセンティック・リーダーへの成長ステップ

本稿とともに「自分らしさ」を貫くオーセンティック・リーダーシップを体得する基本と、自分らしく嘘偽りのない本物のリーダーになるまでの成長過程について考えてほしい。

具体的には、以下の質問に自問自答してみるとよい。

①これまでの人生を振り返って、自分が最も影響を受けたのは、どのような人物、あるいはどのような経験か。

②自己認識力を高めるために、どのようなことを心がけているか。本当の自分はどのような人間か。本当の自分だと思えるのはどのような瞬間か。

③自分の奥底にある価値観はいかなるものか。それは何に起因するのか。子どもの頃に比べて価値観は大きく変わっているか。その価値観がどのような行動に結びついているか。

④自分を動かす外発的動機は何か、あるいは内発的動機は何か。人生において外発的動機と内発的動機をどのようにバランスさせているか。

⑤周囲にどのような応援団があるか。自分らしさを貫くリーダーシップを実現するために、応援団はどのような役に立っているか。視野を広げるためにチームの多様性を高めるにはどうすればよいか。

⑥自分の生活態度は一貫しているか。生活のあらゆる場面、たとえば、職場、職場以外、家族の前、コミュニティのなかで、いつも同じ人間でいられるか。そうでないとすれば、何が障害となっているのか。

⑦自分らしくあることは、人生においてどういう意味があるか。自分らしくあることでリーダーとしての能力が高まっているか。自分らしさを貫くリーダーであることで、何かを犠牲にしたことはあるか。その価値はあったか。

⑧自分らしさを大切にしたリーダーとして成長していくために、今日、明日、そして今後一年の間に何ができるか。

2

「自分らしさ」を保つ工夫

ビル・ジョージ
Bill George

"Mindfulness Helps You Become a Better Leader,"

HBR.ORG, October 26, 2012.

キャリアの初めから不誠実な者はいない

二〇〇八年に起こった世界金融危機を境に、私は多くのリーダーたちがこう望んでいるのを感じるようになった——「自分自身の個人的な価値観に基づいて、リーダーシップを発揮したい」と。金融危機は、金銭的指標のみを成功の基準にする危うさを浮き彫りにした。そして多くのリーダーたちに、真に進むべき方向を踏み外しているのではないかという強い不安を抱かせた。

市場が高騰し報酬額が膨れ上がっていけば、増えゆく財産を祝福はすれど、その過程を検証しなくなりがちだ。あまりに多くのリーダーが組織よりも個人の利益を優先した結果、顧客と従業員、株主の信頼を裏切って失望させた。私は新任のリーダーたちに、「自分の人間的価値を純資産で測るようになったら終わりだ」と助言している。それでもなお、多くのリーダーはこのやり方にとらわれたまま、それに気づいていない。

私自身も同じ罠に陥ったことがある。一九八八年、ハネウェルのエグゼクティブ・バイスプレジデントだった私は、トップへの道を歩んでいた。外部の基準に照らせば大いに成功していたが、深刻な不満を抱えていた。当時は、他者に自分の能力を認めさせ、ＣＥＯになるための足がかりを築くことばかり考えていた。自身の内面を見つめて一個人およびリーダーとしての成功を考えることをせず、外的な成功基準にとらわれていた。行くべき道を見失っていたのだ。

私の同僚でハーバード・ビジネススクール教授のクレイトン・クリステンセンは、「プロフェッショナル人生論」(注1)という論文のなかでこのテーマを取り上げている。彼によれば、キャリアの初めから不誠実に振る舞い、他者を傷つける者はほとんどいないという。巨額詐欺事件を起こしたバーナード・マドフやエンロンのジェフ・スキリングでさえ、最初は誠実な人生を送ろうとしていた。しかしやがて、「この一度だけ」と言いながらルールに例外を設けていったのだとクリステンセンは述べている。

ハーバード・ビジネススクールで私たちは学生に対し、自分にとって成功とは何か、人生で重要なものは何かを深く考えることを課している。そして将来リーダーとなる彼ら彼女らに、特定の地位や資産の獲得を成功と見なすのではなく、自分の同僚や組織、家族、社会全体にポジティブな変化を与えることを成功と考えるよう促している。

二〇〇五年に私が創設した「オーセンティック・リーダーシップの開発」（ＡＬＤ）という

講座は、いまやMBAの選択科目では最も好評を博している（現在この講座を教えている同僚たちのおかげだ）。この講座でMBAの二年生は、オーセンティック・リーダーシップへのプロセスに沿って、自分の理念、価値観、原則に基づいてキャリアを突き詰めて考える（拙著『リーダーへの旅路』でこの方法を紹介している）。最近では、グローバル企業の幹部の間でもALDが支持されている。

日々生活を送りながら、人生をコントロールする

すぐに結果を出すよう求められがちな今日のビジネス環境では、長期的な目標と短期的な財務指標をバランスよく達成することが非常に難しい。リーダーとしての責任が増えるにつれて重要となるのは、地に足をつけ自分らしくあること、新たな課題に対して謙虚な姿勢で向き合うこと、そして、仕事での成功と、より重要だが定量化しにくい一個人としての成功とのバランスを取ることだ。どれも口で言うほど簡単ではない。

日々生活を送りながら人生を管理する方法として、「マインドフル・リーダーシップ」の訓

練がある。これは目の前の瞬間に注意を向け、自分の感覚と感情を――特にストレスに満ちた状況で――認識し、コントロールするための訓練だ。マインドフルな状態では、自分の存在が認識でき、自分が他者にどんな影響を与えているかを自覚できる。一瞬一瞬を観察しながらもそこに参加し、自分の行動の意味を長期的な視点でとらえることができる。これによって、人生が自分の価値観から逸れるのを防ぐことになる。

ここで私は「訓練」という言葉を安易に使っているのではない。自己認識力を高め、目の前の瞬間を明確にとらえるには、心を平静にしなければならない。これはきわめて難しく、生涯を通しての訓練が必要だ。二〇一二年に私は、オーセンティック・リーダーシップに関する持論をダライ・ラマ法王に申し伝えるという栄誉に浴した。自分らしさを貫くリーダーであるためには何が必要かを尋ねると、「訓練を毎日実践することです」との答えをいただいた。

私が最も重視し実践している内省の訓練法は瞑想で、一日二回、各二〇分間を充てている。一九七五年に私と妻のペニーは、トランセンデンタル・メディテーション（通称TM、「超我瞑想」などと呼ばれる）のワークショップを訪れた。TMの精神面の教養を取り入れはしなかったが、身体面の訓練は日々の習慣として欠かせなくなった。以来、瞑想は私にとって天の恵みとなっている。

二〇代の中頃からリーダーの役割を積極的に担い、ストレスを抱え始め、三〇代の前半で高血圧と診断された。そして瞑想を始めたところ、心の平静を保ち、リーダーシップに集中できるようになった――自身の成功に寄与してきたと思われる強みを失うことなく、である。瞑想によって、一時とらわれていた些細な心配事の多くを振り払うことができ、真に重要なことを見極められるようになった。次第に自己認識が高まっていき、他者に与える影響に敏感となっていった。血圧が正常に戻ったまま維持されていることも、重要な効用だ。

近年では、医学的研究によって瞑想のさまざまな効果が発見されている。たとえば、高血圧や関節炎、不妊症などの予防、(注2)ストレスの低減、(注3)注意力と感覚処理能力の向上などがある。また、学習、記憶、感情の制御、視点取得（他者の視点に立つ）に関わる脳の部位が再生されるという報告もある(注4)――絶えざるストレスの下で心の平衡を保とうとするリーダーにとって、これらは重要な認識能力だ。

瞑想は多くのＣＥＯや企業に採用されているが、必ずしも万民向けではないかもしれない。重要なのは、リーダーとしての激しいプレッシャーから身を離し、起きていることを振り返るための、毎日決まった時間を設けることだ。瞑想以外の方法として、日記の執筆や礼拝を取り入れているリーダー、あるいはウォーキングやハイキング、ジョギングの最中に内省をしているリーダーもいる。私の場合は、妻のペニーに一日の出来事を話し、助言を求めることが大いに役立っている。

毎日の内省の習慣としてどの方法を選ぶにせよ、マインドフル・リーダーシップの追求を通して、自分にとって重要な物事を見極め、周囲の世界をより深く理解できるようになる。マインドフルネスによって、取るに足らない心配事を消し去ることができ、仕事への情熱と他者への共感を養い、組織内で他者に権限を委譲できるようになるのだ。

ビル・ジョージ（Bill George）
ハーバード・ビジネススクール教授。専門は経営管理論。メドトロニック元会長兼CEO。著書に『ミッション・リーダーシップ』、共著に『リーダーへの旅路』『True North リーダーたちの羅針盤』（すべて生産性出版）がある。

3

弱さを隠さない上司に起こる素晴らしいこと

エマ・セッパラ
Emma Seppälä

"What Bosses Gain by Being Vulnerable,"
HBR.ORG, December 11, 2014.

倒産寸前の会社に社員たちがとどまった理由

ある朝、インド南部のバンガロールにあるテクノロジー系スタートアップ企業で、創業者のアーチャナ・パチラジャンは全社員を会議に招集した。皆が席に着くと、彼女はこう告げた。会社の資金が尽きたので、全員を解雇しなくてはならない。もう給料を払うことができなくなった、と。

高度なスキルを有する同社のエンジニアたちは、急成長中のインド版シリコンバレーでは、よりどりみどりの働き口があった。だが驚いたことに、全員が会社を去ることを拒んだ。給料が半分になってもいいから、アーチャナの下で働きたいと言ったのだ。

とどまった社員が懸命に働いた結果、わずか数年後には、アーチャナの会社――インターネット広告のソリューションを提供するハッブル――は成功を収め、一四〇〇万ドルで売却された。アーチャナはその後、新たに米国で会社を起業。そしてインドにいる彼女のかつてのスタッフは、何千マイルも離れた場所で、いまも彼女のために働いている。

社員たちは、なぜアーチャナにこれほど強い絆を感じ、これほどの献身を示したのだろう。

このエピソードは、以下の憂慮すべき調査結果に照らすと、いっそう際立ったものに感じられる。企業で働く従業員の七〇%は、「仕事に意欲を持っていない」か「仕事を嫌っている」(注1)。その結果、「会社に感情的な結びつきはあまり感じない」し、「生産性を高める可能性は低い」。このような現象を、アーチャナはどうやって防いだのだろう。のみならず、むしろ逆転させてしまった。なぜそんなことができたのだろうか。

いちばん長くこの会社で働いているスタッフに、「あなたを含めて従業員の皆さんはどうして会社にとどまろうと思ったのか」と尋ねたところ、次のような答えが返ってきた。

「ここでは全員が家族として働いている。彼女が僕たちを家族として扱ってくれるから」

「彼女は社員全員のことを知っていて、一人ひとりと個人的な関係を築いている」

「彼女は社員がミスしても怒らず、事態をどう分析して修正すべきかを学ぶための時間を与えてくれる」

こうした発言からは、アーチャナと社員の間に、通常の雇用主と従業員より深い関係があることがうかがえる。簡単に言えば、彼女は社員に対して、自分の弱さを隠すことなく、正味の自分を差し出しているということだ。会社が業績不振に陥った時には、正直に自分の懸念を社員と分かち合った。厳格なヒエラルキーに縛られることなく、社員を家族のように扱い、一人ひとりと個人的な関係を築いたのだ。

感傷的すぎる、とても面倒そうだ、理に適ったやり方ではない——そんなふうに思う人もいるだろう。実はそうでもないという理由を述べよう。

社会的関係性に関する専門家ブレネー・ブラウンは、社会関係の根底にあるものは何かを探るべく、何千もの聞き取り調査を行った。そしてデータの徹底的な分析によって、それが何かが明らかになった。「バルネラビリティ」、つまり弱さを隠さず、傷つくことをいとわない姿勢である。

ここでのバルネラビリティとは、脆弱性とか服従ということではない。むしろ逆に、正直な自分自身であろうとする勇気を意味する。対象から距離を置いて没感情的に行動するプロフェッショナルらしさではなく、不確実性やリスクがあっても踏み込んで、感情を隠さず見せる姿勢だ。

職場では、バルネラビリティを発揮する機会が毎日のようにある。ブラウンが例として挙げているのは、子どもが病気になった社員や同僚に電話する、家族を亡くしたばかりの人に手を差し伸べる、自分が困った時に助けを求める、仕事上の過ちの責任を取る、不治の病を患っている同僚や従業員の病床に寄り添う、などである。

ブラウンは、バルネラビリティ、そして「オーセンティシティ」（本来の自分らしくあること）が、人間的なつながりの根底にあると指摘する。多くの職場で絆が著しく失われている現在、この指摘はきわめて重要だ。

トランスフォーメーショナル・リーダーシップ・フォー・エクセレンスのCEOヨハン・ベルリンは、某フォーチュン100企業でワークショップを行った時の経験をこう語っている。参加者は全員が幹部社員で、二人ずつペアになり人生の出来事を分かち合うというエクササイズを行った。

終了後、感に堪えないという面持ちで一人のエグゼクティブがヨハンに歩み寄り、感想を漏らした。「一五年以上も一緒に働いているのに、彼の人生にこれほどつらい時期があったことをまったく知らなかった」

本当の自分を見せて交流した短時間で、この人は自分の同僚について、何十年一緒に働いてもできなかった深い理解とつながりを獲得したのだった。

人間は無意識のうちに、わずかな手がかりでも感じ取る

なぜ職場で人と人との絆が失われているのだろう。上司であれ部下であれ、私たちが仕事の場で奨励されるのはたいてい、他者と適切な距離を保つこと、そして自信、有能さ、権威といった特定の自己イメージを見せることだ。夜になれば、ドアが閉じられた部屋の中で、配偶者や親しい友人には自分の弱さをさらけ出すことがあっても、昼日中にはどこであれそのようなことはしないのが普通だ。まして、仕事の場で弱みを見せることなど考えられない。

しかし、研究データを踏まえるなら、自分が発すべきイメージについて考え直す必要がありそうだ。研究によれば、私たちはオーセンティシティを欠く人に接した時、無意識のうちにそれを見抜いているらしい。人は他者をただ見るだけで、その相手について大量の情報を得る。

ウィスコンシン大学マディソン校の心理学教授であるポーラ・ニーデンタールは、「人間は他者を観察するようにプログラムされている。そうすることで、状況にふさわしい交流、共感、それ以上は立ち入らせないという境界の主張ができる」と述べている。

人間には生来、他者が示すかすかな表現も読み取る仕組みがある。そのプロセスは「共鳴」

（レゾナンス）と呼ばれ、一瞬かつ自動的に、しばしば無意識のうちに進行する。わずかな音にも反応する共鳴板のように、脳の複数の部位は、他者の行動や感情に触れて反響を起こす。人を見ただけで、私たちはその人の体験を共有する。自分の内側で相手に共鳴するのだ。

誰かが転ぶのを見た瞬間に、痛い、と思ったことはないだろうか。人の痛みを見ると、脳内の「ペインマトリックス」（痛みを感じる脳部位の総称）が活性化されることが研究によってわかっている。(注2) 誰かが人助けをしている姿を見て、心を動かされたことはないだろうか。それは代理体験による心の高揚を示している。

スウェーデンにあるウプサラ大学のウルフ・ディンバーグの研究によれば、他者の笑顔を見た人は、自分の顔でも笑顔をつくる筋肉が無意識のうちに活性化され、しかめ面を見ると自分の顔をしかめる筋肉が無意識に働く。(注3) 内側で相手と同じ感情を感じるのだ。誰かの笑顔がつくり笑いであれば、それを見た人は、心地よさではなく不快感を覚えるというわけである。

人は他者の信頼を得るために、自分は完璧だ、強い、あるいは知的だと見せようとするが、そのわざとらしさはしばしば反対の効果をもたらす。ニーデンタールの研究は、人間はあまりにも深く互いに共鳴し合うので、偽りはごまかせないということを示している。(注4)

自分をよく見せようと気取っている他者と接すると、どれほど違和感を覚えるか考えてみよう。偽りの姿はたいてい見抜けるものであり、親近感が減る。

あるいは、本当は動揺しているのにそれを隠そうとしている人に対して、どう感じるかを考えてみよう。「どうかしましたか？」と聞いても、「何でもありません」の一言。こんな返事では普通は納得できない。なぜなら、それが本心ではないとわかるからだ。

私たちの脳は生来、他者に関するきわめてわずかな手がかりでも読み取るようにできており、察知した自覚がなくても体が反応してしまう。たとえば、スタンフォード大学のジェームズ・グロースによるこんな研究がある。(注5) 誰かが怒っていて、その感情を押し殺しているため、あなたがその人を見ても怒りに気づかない（表面上は怒っているように見えない）。しかしそれでも、あなたの血圧は上昇するというのである。

赦しの文化が組織の風通しをよくする

弱さを隠さない、本来の自分に忠実なリーダーと接すると心地よいのはなぜだろう。それは、

リーダーが信頼できるかどうかを示す手がかりに、私たちが特に敏感だからである。(注6)

たとえば、オーセンティシティと価値観に基づくリーダーシップを特徴とする「サーバント・リーダーシップ」は、部下にポジティブで建設的な行動を促し、リーダーと組織に対する希望や信頼を抱かせる効果がある。(注7) そして、そのような部下はパフォーマンスを高める。(注8)

実は、それと同じことが脳のレベルでも起こる。部下が共鳴できる上司を頭のなかで思い浮かべるだけで、ポジティブな感情や人間的つながりに関わる脳の部位が活性化されるのだ。(注9) 共鳴していない上司の場合は、逆のことが起こる。

リーダーのオーセンティシティとバルネラビリティを示す行為の一例は、「赦し《ゆる》」である。それは対象の失敗に目をつぶることではなく、成長を忍耐強く後押しすることだ。アーチャナ・パチラジャンの下で働く社員は、「彼女は私たちがミスしても怒らず、事態をどう分析して修正すべきかを学ぶための時間を与えてくれる」と語った。

赦しという言葉も、情緒的な印象があるかもしれない。しかし、ミシガン大学の研究員キム・キャメロンが指摘しているように、組織に赦しの文化が定着すれば、そこで働く人の生産性は向上し、離職率も減ることが数字に表れている。(注10) さらに、信頼感も醸成される。その結果、自社が困難に直面したり人員削減を迫られたりする時期にも、組織的なレジリエンス（再起力）を高く保てるのだ。

なぜ私たちは、傷つく心を恐れ、仕事の場にそれはふさわしくないと思うのだろうか。一つの理由として、自分の本当の姿を知られたり、無防備で傷つきやすい面を察知されたりしたら、そこにつけ込まれるのではないかと恐れるからだ。しかし、「厳しい上司と親切な上司、どちらが成果につながるか」(注11)と題する拙文にも書いたように、「溺れたくなければ泳ぎ続けろ」という古い発想よりも、思いやりのほうが人を遠くまで進ませるのだ。

あなたがオーセンティシティとバルネラビリティに根差したリーダーシップを採用すると、どうなるか。部下はあなたを人間として見るようになり、近しい存在と感じるようになるだろう。自分の考えをあなたに話そうという気になるかもしれない。たとえ社内が階層的でも、あなたのチームではよりフラットな感覚が生じていく。こうした変化には戸惑うこともあるかもしれないが、アーチャナのケースからもわかるように、そうするだけの価値がある。

部下との密接なつながりから得られるメリットは他にもある。スタンフォード大学の調査によると、企業のＣＥＯは助言や忠告を欲しているが、三分の二はそれが得られないという悩みを抱えている。(注12)この孤立は、経営者の視野を歪め、潜在的に不利益をはらむ決断へと導く可能性がある。自社の製品や顧客、あるいは社内の問題について、社員ならば熟知している。助言をくれる相手として、彼らよりもふさわしい人々がいるだろうか。

リーダーから社員に助言を求めれば、自分たちは組織の歯車にすぎないと感じていた彼らが、自分は尊重され、意見に耳を傾けてもらえる存在だと感じるようになり、結果としてより強い忠誠心を持つ。研究で判明しているように、職場での人間的な絆や仕事の満足感は、給料の額よりも社員の忠誠心を高めるのだ。(注13)

エマ・セッパラ（Emma Seppälä）
博士。スタンフォード大学「思いやりと利他精神の研究教育センター」サイエンスディレクター。企業の福利に関するコンサルティングを行い、『フルフィルメント・デイリー』などにも寄稿する。著書に『自分を大事にする人がうまくいく―スタンフォードの最新「成功学」講義』（大和書房）がある。

タフ・エンパシーを実践する

4

Harvard Business Review
Emotional Intelligence AUTHENTIC LEADERSHIP

ロバート・ゴーフィー
Robert Goffee
ガレス・ジョーンズ
Gareth Jones

"Why Should Anyone Be Led By You?,"
HBR, September–October 2000.（要約版）

厳しい思いやり「タフ・エンパシー」はなぜ必要か

不幸なことに、リーダーは昨今、自分のチームに関心を示さなければならないと、やかましく言われすぎている。

しかし、最新の人心掌握術の研修などで、他人へのコミットメント（熱意や関心）について指導を受けて職場に戻ってきた上司ほど、始末に悪いものはない。

真のリーダーは、研修など受けなくても部下をちゃんと信服させられるし、強い共感を示せるものだ。そのようなリーダーは、部下の仕事にも強い関心を示す。

ポリグラムの前CEOアラン・レビィの例を挙げよう。レビィはお高くとまった知識人と見られることがよくあるが、実際には部下との距離を縮める高い能力を備えている。

ある時、彼は、オーストラリアのレコード担当のジュニア・エグゼクティブがアルバムからシングルカットするのを手伝っていた。音楽業界ではシングルの選定はきわめて重要な仕事である。アルバムがヒットするかどうかは、この選曲次第なのだ。

レビィは若い部下たちと一緒に座り、夢中になって作業に取り組んでいた。そして、熱気のあるやりとりに割り込んで叫んだ。「いったい何をやっているんだ。まず踊れる曲を選ぶに決まってるじゃないか」

この話は二四時間と経たないうちに社内に広まり、レビィにとってまたとない宣伝となった。「レビィはシングルの選び方を心得ている」と社員は考えた。実際、彼はそのような仕事がいかなるものかを知っており、乱暴な流行語が飛び交う部下の世界に入り込んで、それに共感を示すコツを心得ていただけである。

この例からもわかるように、部下にやる気を起こさせるリーダーが示す心情は、経営の本によく書かれているようなやわなものではない。むしろ、真のリーダーは、それぞれ独自のアプローチを心得ていると言ったほうがいいだろう。

私たちはこれを、厳しい思いやり、すなわち「タフ・エンパシー」と呼んでいる。タフ・エンパシーとは、部下が望むすべてではなく、彼らが本当に必要とするものだけを与えるというほどの意味だと解釈してほしい。

マリン・コーポレーションズのような企業やコンサルティング会社は、タフ・エンパシーに秀でている。新入社員は、自分がなれる最高の自分になるよう奨励される。「成長なき者は去れ」が、このような企業のモットーだ。

クリス・サタウェイトは、ベル・ポッティンガー・コミュニケーションズのCEOであり、複数の広告代理店で役員を歴任してきた。彼はタフ・エンパシーが何たるかをよくわかっている。彼は、創造性に富んだ部下を管理するという難業を巧みにこなす。時には苦渋の決断を下さなければならない。

「必要とあらば冷酷にもなる」と彼は言う。「でも、私の下にいる間は必ず勉強になる、と部下たちに保証している」そうだ。

愛の鞭は振るう者のほうがつらい

最も優れたタフ・エンパシーは、個人と当面の仕事、それぞれの尊重をうまくバランスさせる。しかし、両方を思いやるのは生やさしいことではない。特に事業が生き残りをかけた競争にさらされている場合がそうである。

このような場面では、上に立つリーダーは周囲の人間に惜しみなく力を貸すと同時に、事業の引き際もわきまえなければならない。ユニリーバがパーシル・パワーという洗剤を開発した時のケースを考えてみよう。

この洗剤は、これを使って洗濯すると布地を傷めるという理由から、最終的には市場から引き揚げなければならなかった。初期の段階からトラブルの兆しがあったにもかかわらず、CEOのナイアル・フィッツジェラルドは、チームの進撃を座視していた。

「そのほうが、部下からの受けがよかったからだ。しかし、そうすべきではなかった」と彼は振り返る。「私は一歩退き、冷静になり、私情を離れ、戦場全体を俯瞰し、消費者のほうを向くべきだった」

部下を思いやりながら客観的な立場を貫くのは難しいものだ。その最大の理由は、本当の愛の鞭は、振るわれる部下よりも、振るうリーダーのほうがつらいからである。

「一部のリーダーシップ論ではたやすいように見せかけているが、とんでもない」と、カルバン・クライン・コスメティックスの社長兼CEOであるポラーヌ・マンキューソーは語る。

「リーダーになると、本当はやりたくはないこともしなければならない。これは大変なことである」

そう、タフになるのも楽ではない。

義務しか果たさないトップに部下は忠誠を尽くさない

タフ・エンパシーには、リーダーにリスクを負う決断に踏み切らせるという副産物もある。グレッグ・ダイクがＢＢＣのトップに就任した時、彼のライバルはＢＢＣよりずっと多くの予算を番組制作に充てていた。

ダイクはすぐに、デジタル・ワールドで成功するためには番組制作予算を増やす必要があると考えた。彼は、このことを従業員に直接、率直に説明した。そして従業員の支持を得ると、組織の徹底的な再建に着手する。多くの従業員を解雇しなければならなかったにもかかわらず、彼は全員のロイヤルティを維持することに成功した。

「うまくいったのは、従業員へのタフ・エンパシーのおかげだ」と彼は言う。「いったん、部下を味方につけてしまえば、しなければならない難しい決断も下せるようになるものだ」

タフ・エンパシーについて、最後に一言つけ加えておこう。これを最もうまくやれるのは、何かを心から気にかけている人である。

人は何かに深い関心を向けている時、それが何であれ、ありのままの自分をさらけ出すものだ。本当の自分を伝えることは、リーダーシップの大前提である。

しかし、何かに深い関心を持つリーダーなら、自分が単に役割を演じる以上のことをしていると部下に感じさせられるだろう。

仕事に対する義務しか果たさないトップには、部下は忠誠を尽くさない。部下は、リーダーにより多くを求める。彼らが望むのは、自分たちと仕事の両方に入り込んでくれる上司なのである。まさに彼らがそうしているように。

ロバート・ゴーフィー（Robert Goffee）
ロンドン・ビジネススクール教授。専攻は組織行動学。

ガレス・ジョーンズ（Gareth Jones）
BBC人事・社内コミュニケーション担当役員。ヘンリー経営大学（オックスフォードシャー）教授として組織開発を教えた経験を持つ。

Harvard Business Review
Emotional Intelligence AUTHENTIC LEADERSHIP

5

新入社員にはまず「自分らしさ」を意識させよ

ダン・ケーブル
Dan Cable
フランチェスカ・ジーノ
Francesca Gino
ブラッドレイ・スターツ
Bradley Staats

"The Powerful Way Onboarding Can Encourage Authenticity,"
HBR.ORG, November 26, 2015.

「ありのままの自分を認めてもらいたい」という欲求

企業が従業員を雇う目的はほとんどの場合、決められた一連の業務を遂行してもらうためである。募集したい職種を告知し、見劣りしない報酬を提示すると、応募者の列ができる。食費や家賃などの生活費を必要とする人の列だ。この場合、仕事とは目的を達するための単なる手段である。

企業がこの典型的なシナリオに沿って新たな従業員を雇った場合、雇用初日に「成すべき仕事」と「行動規範」について説明する。それによってリーダーは、少なくとも短期的には、当該業務の成果を予測し管理しやすくなる。

だが、このような雇用のアプローチでは、最も生産的で創造的な職場環境を生み出すことはできない。

私たちは過去一〇年間にわたり、幅広い業界の多数の企業を対象に、新入社員がどのように教育されているかフィールド調査を実施してきた。(注1) 対象業界は、エンターテインメント、ソフトウェア、金融サービス、製造、小売り、コンサルティング、ビジネスプロセス・アウトソーシング（ＢＰＯ）などが含まれる。調査を通して、ほとんどの組織で新人研修の目的は共通していることがわかった。それは組織文化と仕事の要件について教え込むことだ。

しかし、これとはかなり異なるアプローチもあった。新人に対し、自分らしさ（「オーセンティシティ」）を大事にして、仕事で自己を表現するよう促すものだ。このやり方は伝統的な研修方式よりコストがかかるわけではないが、リーダーには新しい考え方が求められる。

人間の特徴の一つとして、「ありのままの自分を認めてもらいたい」という欲求が挙げられる。本当の自分の価値を認めてもらえると、充実感を得られる。私たちの研究によれば、人は自分ならではのモノの見方や強みに気づき、それを仕事で活かすことができると、意欲が高まる。そうなれば、仕事はもはや目的のための単なる手段ではない。だが、たいていの組織はこの力の源泉を活かしていないため、従業員の能力を最大限に引き出せていないのだ。

私たちは新入社員に焦点を当てた研究を通して、企業がどうすれば新人研修のプロセスで「自分らしさの表現」を促せるか検証した。（注2）新人として組織に加わる時には、新たな社会環境で新しいスタートを切るという、滅多にないチャンスが与えられる。自らのアイデンティティを仲間たちに示し理解してもらう、絶好の機会だ。

研究では次のことがわかった。「ありのままの状態で、かつベストな状態の自分」を他者に知ってもらうことは、非常に魅力的な体験であり、意欲が高まり、持続的な効果があるのだ。

ウィプロでのフィールド実験

研究対象となった組織の一つ、ウィプロを例に考えてみよう。インドを拠点とするＢＰＯ業界の世界的リーダーである同社は、グローバル規模のクライアント企業の顧客に対し、電話やチャットでのサポートを提供している。その主な内容は、サービスや製品に関する問い合わせ（航空券の購入、プリンターの設定など）への対応だ。

ＢＰＯ業界では、年間離職率が五〇～七〇％にも上るのが常である。ウィプロでもあまりに多くの従業員が、入社後ほんの数カ月で燃え尽きて辞めてしまっていた。この仕事がストレスに満ちている理由は、問題を抱えいら立っている顧客に対応するからだけではない。インドのコールセンターの従業員はしばしば、行動様式の多くの部分を「脱インド化」するよう求められるからだ。たとえば、欧米式のアクセントや態度を身につけるなどである。

他の多くの企業と同じように、ウィプロの従来の新人研修プロセスは、企業文化と職務行動規範を教えることにのみ重点が置かれていた。私たちは二〇一一年に、ウィプロのオペレーションセンター三カ所の新入社員六〇五人を参加者として、フィールド実験を実施した。オーセンティシティ重視のアプローチが、従来の研修方法よりも高いパフォーマンスと定職率につながるかどうかを検証するためだ。新入社員を三つの条件のいずれかにランダムに割り当て、初日は、各グループに対して異なる研修を行う。二日目以降の研修プロセスは同じとした。

一つ目の条件は、「個人のアイデンティティ」を重視するものだ。このグループには、自分ならではの視点と強み、そして、それを仕事にどう活かせるかを考えてもらった。

一時間のセッションにおける内容は、以下の通りである。

①シニアリーダーが登壇。ウィプロで働くことが、自己を表現し、個人にとってのチャンスを生み出す絶好の機会になりうることを語る（一五分）。
②新入社員は、問題解決のエクササイズに個々人で取り組む（一五分）。
③新入社員は、エクササイズで自らが下した決定を振り返る。その後、自分の強みを仕事に

どう活かせるかを考える（一五分）。

④新入社員はグループに対して自己紹介し、エクササイズでの決定について説明する（一五分）。

⑤新入社員にバッジとフリースのスエットシャツが与えられる。どちらにも本人の名前が印字されている。

二つ目の条件は、「組織のアイデンティティ」を重視するものだ。こちらの研修は、「新入社員が最大の能力を発揮できるのは、この組織に所属していることに誇りを持ち、組織の規範と価値観を受け入れた時である」という前提に基づいて行われた。

一時間のセッションにおける内容は、以下の通りである。

①シニアリーダーが登壇。ウィプロの価値観と、ウィプロが卓越した組織である理由を語る（一五分）。

②スター社員が登壇し、同様のテーマで語る（一五分）。

③新入社員はスピーチの内容を振り返る。たとえば、ウィプロの一員であることが誇りだと感じたのはどの部分か、など（一五分）。
④新入社員はグループになり、振り返りの結果を話し合う（一五分）。
⑤新入社員にバッジとフリースのスエットシャツが与えられる。どちらにも会社の名前が印字されている。

三つ目のグループは対照群として、従来通りの研修プロセスを受けた。会社に関する全般的な理解と技能訓練に焦点を当てたものだ。

実験の結果はこうなった。個人のアイデンティティを重視した研修は、組織重視型および従来型の研修と比較して、入社後六カ月の時点でより高い顧客満足度の達成につながり、定職率も三三％高かったのである。

これらの効果は、実験室での対象実験を含む、別の環境でも再現された。組織よりも個性を重視した研修プロセスのほうが、従業員の態度・行動に好ましい影響を及ぼし、それは仕事への意欲や満足感などに表れる。そして離職率を低下させ、パフォーマンスを向上させる。

自分らしさを表現することが重要なのは、単にそれが心地よいからというだけではない。新入社員が自分らしさを組織に対して表出すると、本人と雇用主のどちらもパフォーマンスを高めるのだ。

私たちの別の研究から、次のことが判明している。従業員が、ありのままの自分を認め受け入れてくれる他者と関係を築くと、その同僚と情報を共有し、協力する傾向が高まり、結果として生産性が上がる。そして、従業員が自身の頭脳も心も仕事に捧げることができると感じる時、イノベーションと創造性が促進される。すると顧客も、従業員が誠実に対応してくれていると気づくのだ。

新入社員の自分らしさを尊重すれば、個々人に独自の価値観、ものの見方、そして強みを持ち続けるよう後押しできる。さらに、その強みを組織の問題解決に活かすよう促すことにもなる。企業は雇用開始時から、オーセンティシティを組織の中核的な価値観として示すことで、従業員の意欲と努力を引き出せる。のみならず、「ポジティブな逸脱」を戦略的に促進し、組織を新鮮でしなやかに保つことにもなるのだ。

ダン・ケーブル（Dan Cable）
ロンドン・ビジネススクール教授。組織行動学を担当。

フランチェスカ・ジーノ（Francesca Gino）
ハーバード・ビジネススクール教授。経営管理論を担当。著書に『失敗は「そこ」からはじまる』（ダイヤモンド社）がある。

ブラッドレイ・スターツ（Bradley Staats）
ノースカロライナ大学キーナン・フラグラー・ビジネススクール准教授。

Harvard Business Review Emotional Intelligence AUTHENTIC LEADERSHIP

6

「自分らしさ」があだになる時

ハーミニア・イバーラ
Herminia Ibarra

"The Authenticity Paradox,"
HBR, January-February 2015.

リーダーとしての成長を阻む要因

「オーセンティシティ」(自分らしさ)はいまや、リーダーシップの鉄則となっている。しかし、その意味を安直に理解したままでは、成長が妨げられ、影響力も限定されかねない。

一例として、ヘルスケア関連組織のゼネラルマネジャーであるシンシアを挙げよう。昇進して現職に就いた段階で、彼女の直属の部下は一〇倍に増え、統括業務の範囲も広がった。大きなステップアップを果たして少し気後れした彼女は、透明性と協調性を重視するリーダーシップという自分の信条に基づいて、新しい部下たちに胸の内をさらけ出した。「私はこの職務を果たしたいと考えていますが、戦々恐々とした思いでおります。皆さんのお力添えをお願いいたします」。率直なこの発言は裏目に出た。自信に満ちたリーダーの就任を望み、必要としていた部下たちの信頼を、つかみ損なってしまったのである。

別の例を挙げよう。マレーシア出身のジョージは自動車部品会社の経営幹部である。同社では、明確な指示系統が重視され、総意の下に意思決定が下されていた。しかし、彼の会社は、オランダに本拠を置き、マトリックス組織である多国籍企業に買収された。ジョージは、同僚たちが自由闊達《かったつ》に意見を戦わせて最も優れたアイデアを出すことが意思決定だと考えていなか中で一緒に働くことになった。

ジョージにとって、そうしたスタイルは容易に身につくものではなく、生まれ育った母国で教わってきた謙虚さとは相いれないものだった。三六〇度評価で上司から「自分のアイデアや実績をもっと積極的に売り込むように」とフィードバックされたが、彼には、役立たずになるか、自分を偽るかの二者択一を迫られているように思えたのである。

持って生まれた性質に反した行動を取ると、人は詐欺師になったように感じてしまう。そのため、居心地のよいやり方にしがみつく言い訳として、オーセンティシティに拘泥《こうでい》しがちだ。しかし、長い間そうしていられる職はそうそうない。シンシアやジョージをはじめとして、多くの経営幹部が気づいたように、昇進したり周囲の要求や期待が変わったりすればなおさらである。

リーダーシップの移行を研究するなかで、私が気づいたのは、昇進すれば誰もが例外なく、居心地の良い場所《コンフォートゾーン》から大きく離れなければならないということである。しかし同時に、自分のアイデンティティを守りたいという相反する強い衝動にも駆られる。新しい環境で成果を上げたり、期待に応えたりできるだろうかと、自分自身や自分の力に不安を覚えると、私たちはすでに身につけている行動やスタイルに逃げ込みがちになる。

しかし私の研究では、自己認識が最も試される場面こそが、リーダーシップを巧みに発揮する方法を学べる絶好の機会だということも明らかになっている。自分自身を発展途上と見なし、試行錯誤しながらプロフェッショナルとしてのアイデンティティを進化させれば、自分にしっくり合い、変わり続ける組織のニーズにも適したスタイルを確立することができる。

それには勇気が必要だ。なぜなら学習は、そもそも、不自然で、ともすれば浅薄になりがちな行動から始まるが、それは誠実で自然体であるというよりも打算的なように思えるからだ。しかし、一つの職務や職責に固定される状況を回避し、最終的によりよいリーダーになるには、オーセンティシティという頑なな自意識が避けてきたことをやってみるほかはない。

リーダーが直面する三つの状況

「オーセンティック」という言葉は元来、贋作ではないオリジナルの芸術作品を指していた。

リーダーシップについて述べる際には当然ながら別の意味を持ち、それが時として誤解を招いてしまう。

たとえば、「本当の自己」を貫くという考え方は、人は経験を通じて進化し、内省するだけではけっして掘り起こせない自分自身の多面性を発見していくという、数多くの研究と矛盾する。また、透明性の徹底、すなわち、考えや感情を逐一明らかにすることは、非現実的であり危険でもある（**囲み**「オーセンティシティとは何か」を参照）。

リーダーたちが今日、オーセンティシティをめぐって四苦八苦しているのにはいくつかの理由がある。

第一に、私たちは、取り組む仕事の種類をより頻繁にかつ大きく変えるようになった。何とか実績を上げようと努力している時には、明快で確かな自己認識が羅針盤となり、選択肢を選びゴールに向かって前進する助けとなる。しかし、ちょうどシンシアが最初につまずいたように、仕事を変えようとしている時には、硬直した自己概念が錨《いかり》と化して航海の妨げとなってしまう。

第二に、グローバルビジネスでは多くの場合、文化的規範を異にし、どのように振る舞うべきかに関する期待も違う人々と一緒に働くことになる。期待に応えて力を発揮することと、自分らしさを感じることとの間で二者択一を迫られているように思うことが多い。ジョージがその典型である。

第三に、誰でも時間や場所を問わずインターネットに接続でき、ソーシャルメディアが普及している今日の世の中では、アイデンティティが常に公開されている。経営幹部としてだけでなく、少し変わった一面や幅広い関心事を持った人間として、どのように自分自身を表現するかが、リーダーシップの重要な要素となってきた。人物像を入念に練って管理し、誰の目にもわかるようにすれば、個人としての自己認識と対立する可能性がある。

私は、新たな期待に応えようとしている優れた経営幹部との面談を数多く実施するなかで、リーダーが最も頻繁にオーセンティシティに対処する状況は、以下のような場合であることを突き止めた。

①なじみの薄い職務に就く

周知の通り、新しいリーダーシップの職務に就いてから最初の九〇日が肝要である。すぐに第一印象が形成され、重要な意味を持つ。注目度と業績への圧力の高まりにリーダーがどう対応するかは、それぞれの人となりによって大きく異なる。

ミネソタ大学の心理学者マーク・スナイダーは、リーダーが自分なりのスタイルを身につけていくかについて、二つの心理学的分析結果を得た。

まず、「高セルフモニター」（私はこれを「カメレオン人間」と呼んでいる）は自分を偽っていると思うことなく、自然にその状況で要求されていることに対応でき、積極的にそうしようとする。また、自分の対外的イメージの管理を気にかけ、自分の弱さを虚勢で覆い隠すことが多い。最初からうまくできるわけではないが、自身や周囲の状況にぴったり合うスタイルが見つかるまで、新しい洋服をとっかえひっかえするようにさまざまなスタイルを試し続ける。

こうした柔軟性を備えているため、カメレオン人間は往々にして昇進が速い。その一方で、本来のカメレオン気質を発揮しているにもかかわらず、人々からは、不誠実である、あるいは、モラルの軸を欠いていると見なされて、問題に直面することがある。

これに対して「自分らしさ重視人間」（スナイダーが言うところの「低セルフモニター」）は、たとえ周囲に求められていることに反していても、自分の本音と心情をありのままに表現する傾向がある。シンシアやジョージのような自分らしさ重視人間は、見識や経験を蓄積しながら自分のスタイルを進化させるよりも、あまりにも長く、心地よい行動を貫くがために、新たな要求に応えられないという危うさを秘めている。

シンシアはこうして身動きが取れなくなった（私が彼女にインタビューしたのは、キャロル・ハイモウィッツが彼女に関する記事を『ウォール・ストリート・ジャーナル』紙で発表した後のことだ）。彼女は、非常に自分らしい、すべてを開示するマネジメントスタイルを貫くことは、自らの成功を後押しするものだと考えていた。やや当惑していることを包み隠さず認め、新しいチームに支援を求めた。その事業で精通していなかった側面を急いで学習しながら、あらゆる意思決定に貢献し、あらゆる問題を解決しようと骨身を惜しまずに尽力したのである。

数カ月後、彼女は燃え尽きる寸前だった。しかも、当初から部下に弱みをさらけ出したために立場が悪くなっていた。シンシアは数年後に就任当時を振り返って、「自分らしくあれば、自分をつまびらかにできるわけでも、人々がこちらの考えをすべて見抜いてくれるわけでもありません」と述べている。しかし当時は、わかってもらえると考え、信頼を築く代わりに、職務を遂行する能力があるのかという疑念を部下に抱かせてしまったのだ。

このような場合、しかるべく権限を委譲しコミュニケーションを取っても問題の一部にしか対処できない。もっと根深い問題は、なじみの薄い状況下で、距離感と親近感の絶妙な組み合わせを見つけなければならないことにある。

スタンフォード大学教授で心理学者のデボラ・グルーエンフェルドはこれを、権威と近づきやすさの間の緊張をうまく制御することだと述べている。権威を示すことは、部下の知識、経験、専門性よりも自分の持ち合わせているものを重んじ、ある程度の距離感を保つことである。近づきやすさは、人間関係や部下の意見、考え方を重視し、共感や温かみで束ねることだ。

自分らしさ重視人間にはたいてい、ある種の言動に対して強いこだわりがある。そのため、うまくバランスを取ろうとするとオーセンティシティの深刻な危機に直面する。シンシアは近づきやすく無防備にしすぎたために立場を弱め、疲弊してしまった。より責任の重い職務では、部下の信頼を勝ちえて仕事をこなすには、部下との間にもっと距離が必要だったのだ。

②自分のアイデア（と自分自身）を売り込む

リーダーとして成長するには通常、優れたアイデアを考案することから、幅広い利害関係者にアイデアを売り込むことへと軸足を移さなければならない。経験の浅いリーダー、特に自分らしさ重視人間は、支持を取りつけるプロセスが、作為的で政治的な駆け引きであると感じ、嫌悪しがちだ。彼らは、自分の仕事はそれ自体の価値に立脚すべきだと考えているのである。

一例を挙げよう。運送会社のシニアマネジャーであるアンは、担当部署で売上げを倍増させ、部署の中核プロセスを刷新した。しかし、彼女は明確な実績を出しているにもかかわらず、上司から、向上心のあるリーダーとは認められなかった。アン自身も、親会社の取締役としての職務上、コミュニケーションをうまく取っていないことを自覚していた。

大局的にものを考える会長は、彼女が細部にこだわることに、いらだちを見せることも少なくなかった。会長のフィードバックは「ステップアップして、ビジョンに力を入れなさい」というものだったが、アンにとってそれは、実質よりも形式を重んじることのように思えた。

彼女はインタビューでこう答えている。「私にとってそれは、人を操る行為です。私にもストーリーを語ることはできますが、人の心情につけ込むのはお断りです。あまりあからさまに糸を引くようなことを、私がするわけにはいかないのです」

意欲的な多くのリーダーと同様、彼女は、人に影響を及ぼし意欲をかき立てるために心情に訴えるメッセージを用いることを拒んだ。事実や数字、表計算に基づいたやり方と比べて、自分にとってそれは偽りのように思えたからだ。その結果、事実を強調しすぎて会長とすれ違いが生じ、得がたい協力者として味方につけることはできなかった。

多くのマネジャーは心の奥底では、自分自身をもっとうまく売り込まなければ、優れたアイデアにも大きなポテンシャルにも気づいてもらえないことを自覚している。それでも、なかなか売り込む気にはなれないのだ。

あるマネジャーは私にこう語った。「私はコネクションではなく、プロフェッショナリズムと自分が会社に貢献できる部分に基づいて、ネットワークを築こうとしています。キャリア的には得策でないでしょうが、自分の信念は曲げられません。このため、私の『ネットワークづくり』はあまり進んでいません」

昇進が単なる自分勝手な欲の追求ではなく、組織内で自分の影響力を強め、その範囲を広げる手段の一つ、すなわち、組織全体の成功であると認識できるまで、私たちは影響力のある人物に自身の強みをアピールすることが自分らしいとは感じられない。特に最も自分を売り込まなければならない時、つまり、自分の力をまだ証明する実績がない時に、自分らしさ重視人間は上級幹部に自分を売り込むのが難しいと感じる。しかし、経験を積み、自分自身がもたらす価値に対して確信を深めていくにつれ、こうした及び腰は消え去ることが研究で明らかになっている。

③否定的なフィードバックに対処する

成功している多くの経営幹部が、キャリア上初めて深刻な否定的フィードバックを受けるのは、重職に就いたり重責を担ったりした時である。特に目新しい批判内容ではなかったとしても、以前より重い責務を担っているので、より大きな壁となる。しかし、リーダーは多くの場合、「持ち前の」スタイルで支障を来している部分は、力を発揮するうえでやむをえない代償だと自分に言い聞かせるのだ。

食品会社の製造担当マネジャーであるジェイコブを例に挙げよう。彼は三六〇度評価でEI（感情的知性）、チームビルディング、権限委譲において、直属の部下から低い評価を受けた。あるチームメンバーは、ジェイコブが批判を受け入れようとしないと指摘した。ジェイコブは烈火のごとく怒ったかと思えば、何事もなかったかのように急に冗談を飛ばすことがあり、彼の気まぐれに周囲が振り回されている状況に、彼自身が気づいていないと言うメンバーもいた。部下との間で信頼を築いてきたと心から信じていた当人にとっては、いずれも素直に受け入れがたい指摘である。

当初のショックが収まると、ジェイコブはこうした批判を受けるのが初めてではないことを認めた（数年前にも、何人かの同僚や部下から同様の指摘を受けていた）。「私はアプローチを変えたと思っていましたが、前回からそう大きく変わっていなかったのです」と、彼は振り返ったが、すぐさま自分の行動を正当化して上司にこう言った。「結果を出すために、時には手厳しくしなければなりませんが、部下たちはそれを嫌がるものです。その点は職務内容の一部として認めていただきたいと思います」。言うまでもなく、彼は核心を見落としていた。

リーダーに対する否定的なフィードバックはスキルや専門性ではなく、スタイルに焦点が当たることが多いため、当人は自分のアイデンティティを脅かされていると感じる。あたかも「秘密の情報源」を手放すように求められた気分になるのだ。ジェイコブもそのようにとらえた。たしかに彼は怒りっぽいかもしれないが、本人に言わせれば「厳しく」するからこそ毎年、成果を上げられるのだ。しかし実際には、そうした行動を取る彼が昇進できたのは、ここまでだった。職務が広がり、より責任が重くなると、戦略的な仕事に費やすべき時間を、部下を厳しく監視することに取られることが、いっそう大きな足かせとなったのである。

公の人物でこうした事態に陥った典型例が、マーガレット・サッチャーだ。自分と同じくらい周到に準備していない相手に情け容赦ない態度を取ることは、一緒に働いていた者には公然たる事実だった。人前でスタッフをこき下ろし、聞く耳を持たないことでも有名だった。また、妥協は小心者のすることだと信じていた。

「鉄の女」として世界にその名が知られるようになると、サッチャーは自分の考えが正しく、高圧的なやり方が必要であるとますます確信するようになった。持ち前の弁論術と信念の力で誰であろうと屈服させられたし、その手腕はますます冴えわたるばかりだった。しかし最終的にはそれがあだとなり、配下の閣僚たちによって首相の座を追われたのである。

遊び心を持って新しいスタイルを試してみる

こうした頑なな自己概念は、過度の内省から生じることがある。答えを求めて内面ばかり見つめていると、知らず知らずのうちに古い世界観や時代遅れの自己認識が強化されていく。新しいリーダーシップスタイルを試みることによって得られる、貴重な外部の視点である「観察力」（outsight）の恩恵がなければ、癖になっている思考パターンや行動パターンで身動きできなくなる。

リーダーらしく考えられるようになるには、まず行動することだ。すなわち、新しいプロジェクトや活動に飛び込み、まったく異なるタイプの人たちに接し、新しい仕事のやり方を試してみるのである。あれこれ考えたり内省したりするのは、経験した後にすべきであって、過渡期や手探りの時期にすべきではない。行動することによって人となりは変わるし、自分の信じていることはやってみる価値がある。

幸いなことに、観察力を養い「状況に適応しながらも自分らしさを失わない」リーダーシップスタイルへと進化していく方法がある。ただし、そのためには遊び心が必要だ。リーダーシップの育成を、自分の可能性を試すことというよりも、自己研鑽《けんさん》の取り組みだととらえると、正直なところ、つまらない課題のように思える。しかし遊び心を持って臨めば、可能性に対してよりオープンになれる。日によって態度が変わってもかまわない。それは偽っているのではなく、直面している新たな課題や状況において、何が適切かを見極めるための実験である。
私の研究では、一歩踏み出すために重要な三つの方法が提示されている。

①幅広いロールモデルから学ぶ

学習はたいていある種の模倣であり、「オリジナル」なものなどないと理解することが、どうしても必要になる。リーダーとして成長するうえで重要なのは、オーセンティシティを固有の状態ではなく、他者のスタイルや言動から学んだ要素を取り入れ、自分のものにする能力として認識することだ。

その際には、ある一人のリーダーシップスタイルだけを真似するのではなく、多数のロールモデルから幅広く学ぼう。誰かをそっくり真似することと、さまざまな人々から選択的に借用したスタイルを自分なりに組み合わせたうえで手直しをして改良していくことには、大きな違いがある。劇作家のウィルソン・マイズナーが言うように、一人の作家を真似るのは盗用だが、多数の作家を真似れば、それは研究である。

私はある調査で、この手法が重要なことに気づいた。それは、分析やプロジェクト業務から、顧客に助言を提供し新規事業を売り込む職務へとステップアップしつつある投資銀行家やコンサルタントに対する調査だった。ほとんどの対象者は新しい職務に対して力不足や不安を感じていたが、一部のカメレオン人間は成果を上げている上級リーダーのスタイルや戦術を意識的に拝借していた。

たとえば、会議の際にユーモアを使って緊張をどう和らげるか、押しつけずにどう意見をまとめるかなどを模倣によって学んでいった。基本的に、自分にとってうまくいく方法が見つかるまで見よう見まねを繰り返した。彼らの努力に気づいた上司は、コーチングやメンタリングを行い、暗黙知を伝授するようになった。

その結果、この調査では、オーセンティシティを持ちつつ巧みなスタイルを格段に早く身につけたのは、カメレオン人間だった。かたや自分らしさ重視人間は、ひたすらテクニカルなスキルを披露することに専念し続け、上司については「口ばかりで中身が伴わない」ので模範としてふさわしくないと判断することが多かった。「完璧な」手本がない状況では模倣するのも一苦労であり、嘘臭く感じられた。残念ながら、彼らが適応できないのは、努力や取り組みが不十分なせいだと上司から見なされ、カメレオン人間が得られたほど十分には、メンタリングやコーチングを受けられなかったのである。

②上達するために努力する

最初から何もかもうまくやれるはずはないので、(業績目標だけでなく)学習目標を設定すれば、詐欺師になったように感じることもなく、さまざまなアイデンティティを試しやすくなる。変化がもたらす脅威から、これまでの快適な自己を守ろうとすることをやめて、どんなタイプのリーダーになれるかを模索し始めるのだ。

言うまでもなく、誰もが新しい状況のなかでうまくやりたいと考える。的確な戦略を策定し、脇目も振らずに実行に移し、組織が求める結果を出したいものだ。しかし、こうしたことばかりを重視すると、学習に励むというリスクを取ることを恐れるようになる。人からどう見られるかという懸念が、新しく不慣れな業務を学ぶうえで足かせになることは、スタンフォード大学教授で心理学者のキャロル・ドゥエックが、一連の独創的な実験のなかで実証している。業績目標は、知性や社会的スキルといった重要な資質を持ち合わせていることを他者に示し、自分自身にも証明したいという欲求をかき立てる。これに対して学習目標は、重要な資質を育むことへの意欲を引き出すのだ。

業績モードの場合、リーダーシップは最も有利な形で自分自身を表現することである。学習モードの場合は、仕事の進め方、リーダーシップの取り方におけるオーセンティシティへの欲求と、同じくらい強い成長への願望とを、うまく調和させることができる。

私が出会ったあるリーダーは、少人数のグループのなかでは十分に力を発揮していたが、大人数が参加する会議では、他の出席者の発言によって話が脱線するのではないかと恐れるあまり、長々としたプレゼンテーションを押し通すばかりで、新しいアイデアを歓迎する姿勢を示せずにいた。そこで彼は、「パワーポイントを使わない」というルールを自分に課し、肩肘張らない臨機応変なスタイルを養おうとした。これによって、自らを進化させるという課題ばかりか、目下の業務上の課題に関しても、彼自身が驚くほど多くを学ぶこととなった。

③「自分史」に固執しない

重要な教訓を得た決定的瞬間について、ほぼ誰もが個人的なエピソードを持っている。意識しようとしまいと、新しい状況下では、自分のストーリーやそこで描き出される自己イメージが行動の指針となる。しかし成長に伴い、そのストーリーが時代遅れになったりするため、時には大幅に変更することや、完全に放棄して最初からつくり直すことさえも必要になる。「ひな鳥たちに取り囲まれた母鳥」と自身を見なしていたリーダーのマリアも例外ではなかった。彼女のコーチで、広告会社であるオグルヴィ・アンド・メイザーの元CEOシャーロット・ビアーズは著書『私はむしろ責任者になりたい』(注1)（未訳）の中で、この自己イメージが形成されたのは、マリアが家族や親戚の世話をするために自分の目標や夢を犠牲にしなければならなかった時だと説明している。

このイメージは結局、彼女のキャリアの足かせになり始めた。すなわち、友好的かつ誠実なチームプレーヤーで、仲裁役としての彼女にはよかったが、彼女が目指していた重要なリーダーシップ職を手に入れるうえで役に立たなかったのだ。

マリアはコーチとともに、手本として使うための別の決定的瞬間を探し始めた。過去の人となりではなく、マリアが望む将来像により即した手本である。彼らが選んだのは、若い頃にマリアが家族のもとを離れ、一八カ月間にわたって世界を旅行した時の体験だった。彼女はより大胆な自己認識を持って行動を起こし、以前は夢でしかなかった昇進を願い出て、認められたのである。

ノースウェスタン大学教授で、キャリアを通じてライフストーリーを研究してきた心理学者のダン・マクアダムスは、アイデンティティを「過去、現在、将来のなかから人が選び出し、内在化させ、進化させてきたストーリー」だと説明する。これは単なる学術用語ではない。自分のストーリーを信じなくてはならないが、それを使って何をするかという必要性に応じて、ストーリーが次第に変わっていくことを受け入れるべきだと論じている。自分自身の新しいストーリーを試しては、ちょうど履歴書と同じように、絶えず手直しをしていこう。

繰り返しになるが、自分のストーリーを書き直すことは、内省的なプロセスであると同時に、社会的なプロセスでもある。選び出すエピソードは自分の経験や抱負を集約しているだけでなく、現在求められていることを反映し、味方につけたい聞き手の共感を呼ぶものでなければならない。

＊　＊　＊

自分が何者であるかを明確にすることから、リーダーシップ・ジャーニーを始めよと指南する書籍やアドバイザーは数え切れない。しかしこのやり方では、過去にとらわれて身動きできなくなる可能性がある。あなたのリーダーシップ・アイデンティティは、より重要でより高い質が求められる職務に移行するたびに変更可能であり、また、変更すべきである。

リーダーとして成長する唯一の方法は、自分は何者かという枠を広げていくことだ。新しいことをすれば不安に駆られるが、じかに体験することで、自分がどうなりたいのかに気づくことができる。完全に別人のように変わらなくても、こうした成長を遂げることは可能だ。振る舞いやコミュニケーション、人との接し方を少し変えるだけで、たいていの場合、リーダーとしての力量に雲泥の差が生じるのである。

ハーミニア・イバーラ（Herminia Ibarra）
INSEAD教授。組織行動学を担当。同校コラ記念講座リーダーシップ・アンド・ラーニング教授を兼任し、リーダーシップおよび学習理論を担当。著書に『ハーバード流 キャリア・チェンジ術』『世界のエグゼクティブが学ぶ 誰もがリーダーになれる特別授業』（すべて翔泳社）がある。

オーセンティシティとは何か

オーセンティシティをあまり厳密に定義しすぎると、時として効果的なリーダーシップの足かせになる。

ここでは例を三つ挙げ、それぞれの問題点を提起する。

①自己に忠実に

どの自己に忠実になるのだろうか。人生で演じるさまざまな役割に応じて多くの自己がある。新しい役割で経験を積めば成長し、時には自己変革を遂げることすらある。まだ不確実で形成されてもいない将来の自己に対して、どうすれば忠実になれるのだろうか。

②自分の気持ちと言動をしっかりと一致させる

考えていることや感じていることを残らずさらけ出せば、リーダーとしての信頼と影響力を失う。

特に、実績がない場合はなおさらだ。

③自分の価値観に基づいて選択する

より重要な職務に就いてからも過去の経験に基づいて形成された価値観に従っていれば、方向性を見失うことがある。たとえば、新しい課題に直面しても「業務を細部まで厳しく管理」していれば自分らしいかもしれないが、見当はずれの言動を生むだろう。

オーセンティック・リーダーシップ研修が推奨される理由

職場でもっと自分らしくあるためにどうすべきかについての助言は、数え切れないほどの書籍や記事、経営幹部向けワークショップから得ることができる。

オーセンティシティという概念が急速に人気を博し、研修産業においてブームになっている背景には、二つの流れがある。

第一に、世界的な信頼度調査「エデルマン・トラストバロメーター」によれば、ビジネスリーダーに対する信頼感は二〇一二年に過去最低に低下した。やや持ち直し始めた二〇一三年でさえ、「ビジネスリーダーが真実を語っていると信じる」との回答はわずか一八%にとどまり、「企業が正しいことを行っている」と信頼を寄せる回答者は半数を割り込んだ。

第二に、従業員エンゲージメントは最悪の水準に沈んでいる。二〇一三年のギャラップ調査では、仕事に積極的に取り組んでいると回答した従業員は世界でわずか一三%にとどまった。調査を

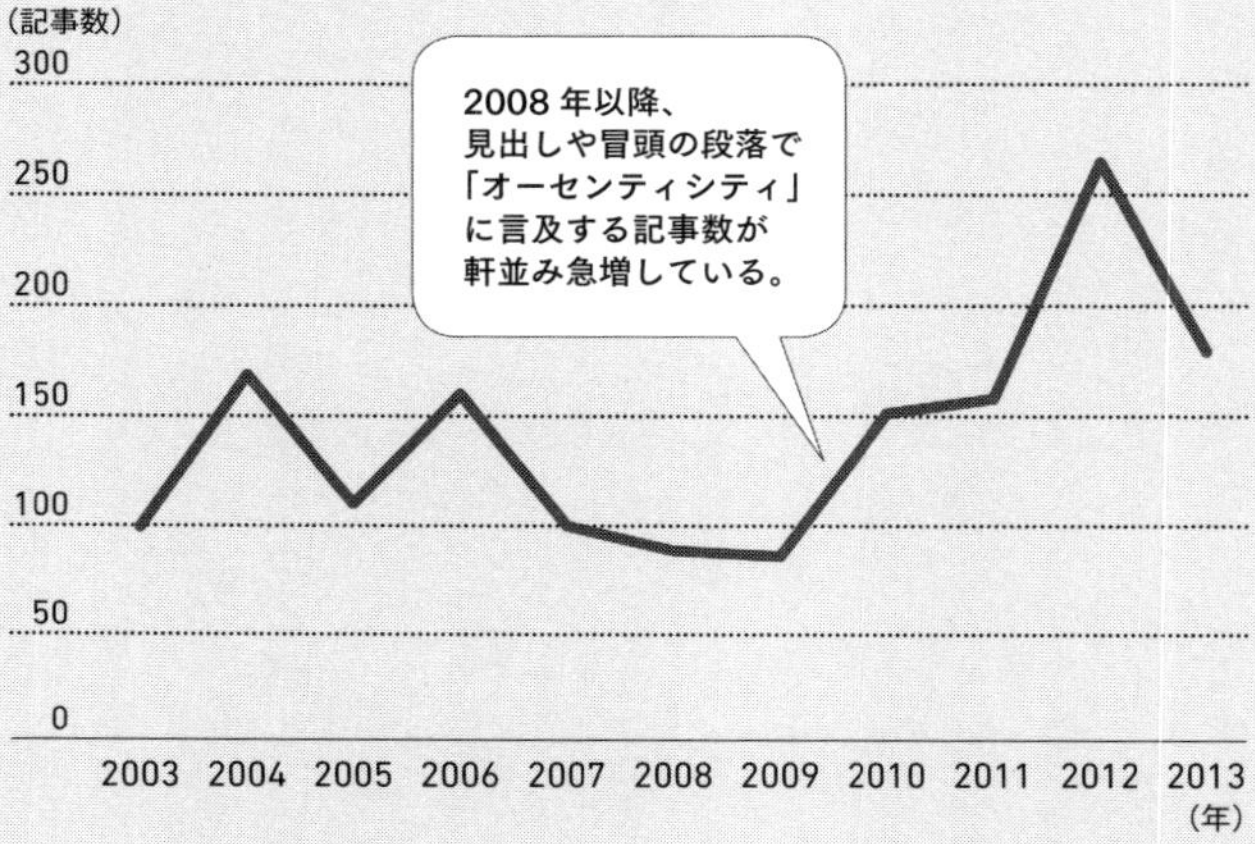

出所：『ニューヨーク・タイムズ』『フィナンシャル・タイムズ』『ワシントン・ポスト』『エコノミスト』『フォーブス』『ウォール・ストリート・ジャーナル』『ハーバード・ビジネス・レビュー』

行った約一億八〇〇〇万人の従業員のうち、職務に誠心誠意取り組んでいるとの回答はわずか八人に一人。各種調査で最大の転職理由として挙がったのは、不満や燃え尽き、失望、個人の価値観とのずれだった。

世間一般の信頼と従業員の士気がこれほど低い時期にあって、リーダーに「本当の」自分を見つけるように企業が促すのも無理はない。

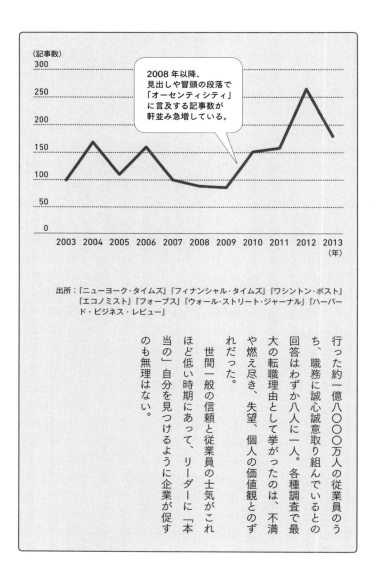

オーセンティック・リーダーシップの文化的要素

なじみの薄い領域を任される、自分のアイデアや自分自身を売り込む、否定的なフィードバックに対処するなど、状況はどうあれ、自分らしく力を発揮する方法を見出すことは、複数の文化が共存する環境ではいっそう難しい。

INSEADの同僚であるエリン・メイヤーが研究で証明したように、人をどう説得するか、どんな議論に説得力を見出すかは、とうてい万国共通とは言えない。それらは個々の文化の哲学的、宗教的、教育的な通念に深く根差している。とはいえ、リーダーのあるべき姿や語るべき言葉に関する処方箋が、リーダー自身の人となりほど多様性に富むことはほとんどない。企業では、異文化理解の醸成やダイバーシティ推進に対する取り組みが行われている。にもかかわらず、現状でリーダーに対して求められているのは、依然として、はっきりと意見を述べ、自身の功績を主張し、カリスマ性で人を奮起させ魅了する姿だ。

オーセンティシティは本来、画一的なリーダーシップモデルを打破すると期待されていた(つまるところ、周囲の期待する誰かになろうとするのではなく、自分らしくあれというメッセージだ）。

しかし、オーセンティシティの概念が浸透するにつれ、皮肉にも、はるかに幅の狭い、文化固有の意味を持つようになった。リーダーが教わっているオーセンティシティの見つけ方や表現方法（たとえば、難局をどう乗り越えたかという個人の体験談を語る手法）をじっくり見ると、実のところ、自己開示や謙虚さ、試練を乗り越えた個人的成功に対する理想に根差した非常に米国的なモデルである。

権威やコミュニケーション、組織全体の努力に対する規範が異なる文化出身のマネジャーにとって、これは解決しようのない矛盾に等しい。なぜなら、オーセンティック・リーダーシップの枠に収まるには、自分らしくない言動を取らなければならないからである。

Harvard Business Review
Emotional Intelligence
AUTHENTIC LEADERSHIP

7

オーセンティック・リーダーシップの弊害

デボラ・グリュンフェルト
Deborah Gruenfeld

ローレン・ザンダー
Lauren Zander

"Authentic Leadership Can Be Bad Leadership,"
HBR.ORG, February 03, 2011.

自分に正直であることを言い訳にしてはならない

ほとんどの人が同意すると思うが、「オーセンティシティ」には大きな価値がある。リーダーになるなら、偽物ではなく本物でありたいものだ。リーダーに従う側にとっても、それは同じだろう。裏表なく、偏見もなく、真に自分らしく行動することは、リーダーたる者が身につけるべき大切な資質と言える。

とはいうものの、リーダーの資質に欠ける者が、素のままの自分を出して行動したり、思いつくまま話し始めたりしたら面倒なことになる。実際、これが自分なのだから仕方がないという開き直りが、間違った行動の言い訳にされていることもある。だが、人をその人たらしめているものは、良いものばかりではない。リーダーの価値観、願い、夢、あるいは他の人からここが好きだと言ってもらえる部分でさえ、必ずしも良いものとは限らないのである。

人の内面から自然に出てくる考えや行動には、感心できないものが少なくない。批判がましく、人を遠ざけ、粗野で、何でも決めつける人もいるだろう。それが最もその人らしいとしても、それを正直に出すのが最善であるはずがない。つまり、リーダーが気をつけて取り扱わな

7. Authentic Leadership Can Be Bad Leadership

くてはならないのは、嘘偽りのない本当の自分なのである。

企業のエグゼクティブに「ありのままの自分を出すのではなく、最高の自分を目指してください」と勧めると、異論が返ってくることがある。自分にとって自然な行動を変えたいと思う人は少ないからだ。周りの人が変えてほしいと思っているようなことでさえも、当人は変えたがらないことが多い。

私のクライアントのなかに、全国誌を発行しているリーダーがいる。彼女は、部下は上司のやり方に従うべきだと考えている。雑誌を毎号きちんと発行するために、上司である自分が正しいと思うやり方、自然だと考えるやり方を部下にもやらせている。部下たちから、もっと働きやすくするためにやり方を変えてほしいと求められたが、これが私のやり方だと突っぱねてしまった。

このリーダーは、自分を変えず、自分に正直であり続けることで、部下たちを働きにくい状態に追いやり、生産性の向上を妨げている。「これが私のやり方です」という彼女の言い分は、「リーダーは常に自分らしくあれ」と説くオーセンティシティ重視の風潮のなかで正当化されがちだ。しかし、自分に正直であることを言い訳にして、自分が本当はどんな人間か、どんな行動をしているか、それはなぜか、という重要なことから目を逸らしてはならない。

正直さ重視の罠に陥らないよう、以下の対策を実行することをお勧めする。

①**自分がどう見られているかを知る**：信頼できる同僚に、自分と一緒に仕事をしていて難しいと感じるのはどんなところかを尋ねる。相手の話に注意深く耳を傾け、発言をそのまま書き留める。その際、自分の行動を説明したり、正当化したり、弁解したりしない。

②**一人だけの場所で反論する**：一人になって、同僚が話してくれた批判を読み返し、それに対して言いたいことを文章に書く。あなたのここに困っているという話を聞いている時に心に浮かんだことを思い出しながら、言い返したかった正当化や弁解を、細大漏らさず書き出す。その際、不機嫌でも、行儀悪くても、独善的でもいいから、とにかく嘘偽りのない本音の言葉で書き出す。次に、自分に聞かせるつもりで、それを声に出して読む。それが本当の自分、自分の考えだということを認める。

③**別の方法・態度・言葉づかいを考える**：こういうところに困っている、ここが嫌いだと言われたことを、あなたはいつかまた繰り返してしまう可能性がある。そうならないために、

別の方法、別の態度、別の言葉づかいを、あらかじめ考えておく。

④**済んだことを完全に終わらせる**：もう一度先ほどの同僚と話し、困らせたこと、嫌な対応をしたことを謝る。済んだことを引きずらないよう、完全に終わらせてしまう。今後、最善を尽くしても同じ失敗をしてしまうかもしれないが、その時は問題をどう解決すればよいか、前もって考えておく。

⑤**失敗のコストを引き受ける**：間違ったことをした場合の結果を引き受ける。もしまた不適切な行動をした場合、そのコストはあなた自身が引き受けるべきだ。たとえば、迷惑をかけた人にコーヒーやランチを振る舞う。あるいは、謝罪の手紙を書く。何であれ、自分に何らかのコストとなって跳ね返り、またそれが改善につながるような手立てを考える。

正直なあなた自身が、あなたのリーダーシップスタイルの礎であるべきことは間違いない。しかし、自然な自分を表に出す前に、自分はどんな人間であるかをしっかり見つめることが大切だ。ジャック・ウェルチを称賛するのはいいが、彼のように自分自身を表に出せば、誰もが効果的なリーダーになれるという間違った思い込みをしてはならない。

デボラ・グリュンフェルト（Deborah Gruenfeld）

スタンフォード大学経営大学院モガダムファミリー・リーダーシップおよび組織行動教授。

ローレン・ザンダー（Lauren Zander）

コーチングとコンサルティングを行うハンデル・グループ創設者。

8

マイノリティの昇進を阻む「リーダーらしさの規範」

シルビア・アン・ヒューレット
Sylvia Ann Hewlett

"Cracking the Code That Stalls People of Color,"
HBR.ORG, January 22, 2014.

エグゼクティブ・プレゼンスの基準を問う

かつて企業が無視し続け、その後もまともには取り合わず、いまになってようやく考え始めた問題がある。組織の上層部における、有色人種の少なさである。米国企業において、エグゼクティブのポストに占める非白人の割合は一一％でしかない。(注1) フォーチュン500企業のCEOに限れば、アフリカ系は六人、アジア系は八人、ヒスパニック系も八人のみだ。(注2)

一流人材は、業績を上げ、勤勉で、支援者（自分の能力開発と昇進を後押ししてくれる有力なリーダー）の後ろ盾があれば、評価と昇進を勝ち取ることができる。だが実は、そうした「リーダーとしての潜在能力」だけでは、男女を問わず、重役室に入ることは難しい。企業のトップの地位は、その地位にふさわしく見え、行動する人物、すなわち「エグゼクティブ・プレゼンス」を体現している人物に与えられるからだ。

センター・フォー・タレント・イノベーション（ＣＴＩ）が行った最近の調査によれば、上級管理職の二六％が、幹部への昇進を果たすにはエグゼクティブ・プレゼンスが必要と考えている。(注3) しかし、管理職は圧倒的に白人が多いので、非白人（アフリカ系米国人、アジア系、ヒスパニック系）のプロフェッショナルは、見た目でも、言葉でも、行動でも、自分がリーダーらしさを体現するうえであからさまに不利な立場にあると気づくことになる。

そして、どのマネジメント階層においても、彼らに対し、リーダーらしさの向上につながるフィードバックが与えられることは著しく少ない。

エグゼクティブ・プレゼンスは、三つの要素で構成される。

①威厳：自信、頼りがい、信用性を感じさせる態度や行動（調査対象となった管理職二六八人のうち六七%が挙げた、最も重要な要素）

②コミュニケーション能力（二八%が回答）

③外見：威厳とコミュニケーション能力をより明確に示すフィルター

非白人のプロフェッショナルは男女ともに、エグゼクティブ・プレゼンスの重要性を認識しているものの、白人男性によって白人男性のためにつくられた規範を読み取り体現する、という苦労を強いられているのだ。

CTIの調査によると、非白人のプロフェッショナルは、白人の同輩と同じように、自身の外見よりコミュニケーション能力を重視し、それよりもさらに威厳を重視する。しかし、エグゼクティブ・プレゼンスの規範をクリアするうえで、彼らは白人には無縁の困難を突きつけられる。リーダーとして適切な振る舞い、話し方、服装などに自分を合わせるためには、生まれ持った文化的アイデンティティを抑制ないし犠牲にする必要があるからだ。

彼らのほとんどは、自社のエグゼクティブ・プレゼンスは白人の男性が基準になっていると感じている。特にアフリカ系米国人は、そう考える傾向が白人の同等職者より九七%も高い。その基準に合わせるためには、本当の自分らしさを押し殺し、「脱色されたプロフェッショナリズム」を新たに身にまとう必要があると考える人が多く、それが組織への反感や距離感にもつながっている（**図8-1**）。

非白人は、白人の同等職者と同程度に優秀と認めてもらうために、白人よりも多くの努力をしなくてはならないと感じている。加えて、マイノリティのプロフェッショナルの半数以上（五六%）が、白人より厳格にエグゼクティブ・プレゼンス基準を適用されていると感じている。

非白人のプロフェッショナルは、「自分の見せ方」についてフィードバックを受ける機会が

図8-1

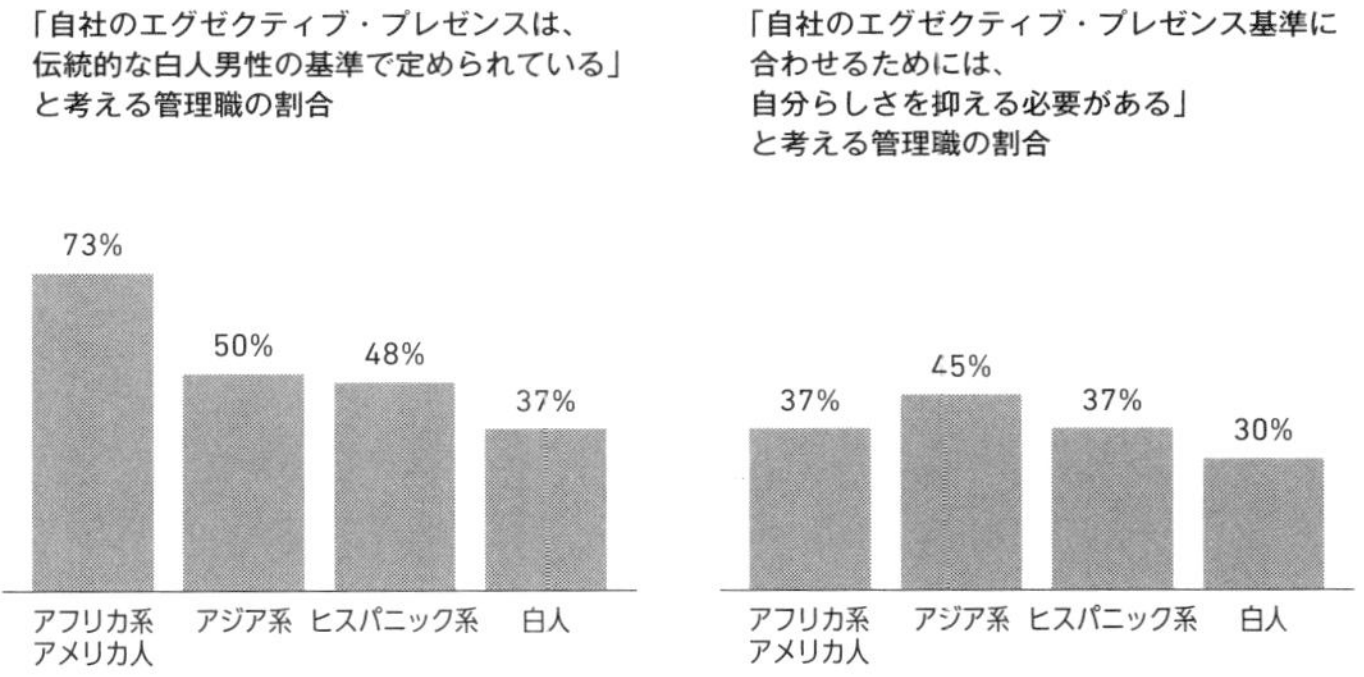

出所：センター・フォー・タレント・イノベーション
©HBR.ORG

少ないので、エグゼクティブ・プレゼンスの獲得はさらに遠のいてしまう。定性的な調査結果を見ると、彼らの上司（白人であることが圧倒的に多い）は、威厳の欠如やコミュニケーションの不備について触れると、人種的に無神経または差別的と思われるのではないかと恐れて、必要なアドバイスを躊躇していることがうかがえる。

　このアドバイスの欠如は、支援者が改善できるかもしれない。有望人材のエグゼクティブ・プレゼンスの問題に焦点を当てて対処すればよいのである。だが、CTIの二〇一二年の調査によれば、非白人は白人よりも、支援者を得る可能性が大幅に低い（白人の一三％に対して非白人は八％）（注4）。また、何らかのフィードバックを得た場合でも、それをどう行動に移せばよいかが明確にはわからない。米国以外の国で生まれた人にとってはなおさらだ（図8－2）。グローバル市場で影響力を拡大したい企業が、進出先に関する専門知識を必要としている場合、このことは深刻な問題となる。

要するに、フィードバックは与えられていないか、あっても漠然としすぎているか、あるいは本来の自分と相いれないものだということだ。このため、非白人のプロフェッショナルにとって、エグゼクティブにふさわしいプレゼンスを定めた一連の規範は、謎に包まれたままなのである。自分がその規範に従って判定されるというのに、規範を理解し体現するためには、自分を曲げるという大きな代償を支払わなければならないのだ。

図8-2

「フィードバックを受けたが、どう修正すればよいか明確ではない」と考える管理職の割合

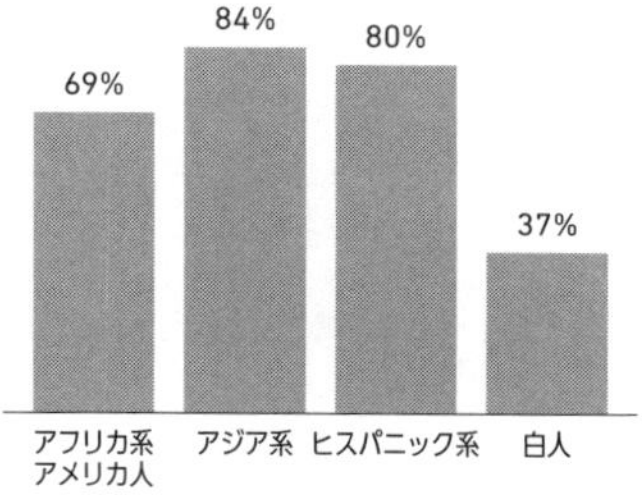

出所：センター・フォー・タレント・イノベーション
©HBR.ORG

上層部に無意識の偏見がはびこり、経営陣のほとんどが白人かつ男性であるという、そんな職場で働く非白人プロフェッショナルは、リーダーらしく見られるための努力において、はっきり数字に表れるレベルのハンデを背負う結果となっている。

米国の人種構成はますます多様化し、米国企業はますますグローバル市場に進出している。今日の激しい競争に勝つためには、企業には、市場の多様性に見合うだけの人材多様性が求められている。非白人の消費者やクライアントの満たされていないニーズについて、同じ文化的背景を持つ人であれば理解しやすいからだ。しかし、CTIの調査によれば、彼らの洞察がしっかり実行に移されるためには、ある重要な要素が必要だ。それは、従業員と同等の多様性がある経営陣である。(注5)

にもかかわらず、多様性のもたらす力が最も必要とされているいま、企業のトップにそれが欠如しているのだ。

シルビア・アン・ヒューレット（Sylvia Ann Hewlett）
非営利研究機関センター・フォー・タレント・イノベーション（CTI、前身はセンター・フォー・ワーク・ライフ・ポリシー）創設者、所長兼エコノミスト。

謝罪では自らの責任を認めること

9

Harvard Business Review
Emotional Intelligence
AUTHENTIC LEADERSHIP

サラ・グリーン・カーマイケル
Sarah Green Carmichael

"For a Corporate Apology to Work, the CEO Should Look Sad,"
HBR.ORG, August 24, 2015.

批判を鎮める謝罪と、火に油を注ぐ謝罪

「弁解の余地はありません。私たちは間違いを犯しました」。ホールフーズ・マーケットの二人のCEOジョン・マッキーとウォルター・ロブは、二〇一五年の初め、過剰請求という不祥事に対応する際に自社の非を認めた。

「危機への備えができておらず、とんでもない事態を引き起こしてしまった」。こう書いたのは、二〇一一年に宿泊利用者がホストの家を壊す事件があった、エアビーアンドビーのブライアン・チェスキーCEOだ。

「絶対に起こってはならないことが起きてしまった。とうてい容認できることではない」。ゼネラルモーターズのメアリー・バーラCEOは、安全性に関する自社の不祥事に対する謝罪会見でそう述べた。

かつてはあまりお目にかからなかった企業の謝罪だが、いまでは見慣れてしまった感がある。よからぬことが起こり、企業が謝罪する。ありがちな展開だが、だからといって、どんな謝罪でも大差ないということではない。

効果的な謝罪と逆効果を招いてしまう謝罪の違いが、最近発表された二つの論文によって明らかになった。(注1)

まず、リアン・テン・ブリンケ(カリフォルニア大学バークレー校ハース・スクールオブビジネス)とガブリエル・S・アダムズ(ロンドン・ビジネススクール)が発表した論文から紹介しよう。企業を代表して謝罪する人の感情表現が、企業にどのような影響を及ぼすかを調べた論文で、彼女たちは二つの調査で明らかになった知見を報告している。

最初の調査は、企業のトップが行った謝罪に投資家がどう反応したかを調べたものだ。二〇〇七〜二〇一一年の間に行われた謝罪から、オンラインビデオで見ることのできる二九件が選ばれ、分析された。

人間の顔の表情を区別するための「顔面動作符号化システム」(Facial Action Coding System)を使い、音声を消した状態で、謝罪する企業トップの顔に一瞬よぎる表情を秒刻みでモニターした。不機嫌そうか? 笑みを浮かべたか? 悲しそうか?

そのうえでブリンケとアダムズは、謝罪の後で各社の株価がどうなったかを調べた。すると、笑みを浮かべて謝罪した企業は株価が下落していることが判明した。謝罪に誠意がないと見なされたか、自社のせいで人々が苦しむのを楽しんでさえいるように見えたからだと思われる。

笑みが明確に判別できた謝罪ほど、株価の下落は大きかった。

心から悔いているように見えるトップの場合、一見したところ株価への影響はなさそうだった。株価は下がりも上がりもしていなかった。「社会通念に沿った感情表現を伴う謝罪によって、会社は前に進み始めることができる」と二人は書いている。

しかし、二九件のうち一六件をさらに詳しく調べたところ、悲しそうに見えるCEOが謝罪した時には、謝罪後の株価は実際に上昇していることがわかった。長期的に見れば特にその傾向がうかがえた。「良い謝罪は投資家の信頼を獲得することができる」

謝罪に必要な五つの要素

心理学者によると、効果的な謝罪には最大五つの要素が含まれている。とりわけ最後の二つは決定的なものだ。

①**言葉に出された謝罪**：「申し訳ありませんでした」という明確な言葉。
②**修復・回復の申し出**：被害を与えた相手に対して行う、原状回復のための提案。「私がこぼしたコーヒーであなたのスーツを汚してしまいました。せめてクリーニング代を支払わせてください」
③**説明**：なぜ間違いが起こったのかの説明。
④**責任を取る**：これがなければ、説明はただの言い訳に終わる。
⑤**決意表明**：「二度とこのようなことを起こさないと約束します」

このテーマをさらに追究するために、ブリンケとアダムズはある実験を行った。俳優を雇って、航空会社のCEOによる謝罪記者会見を演じさせたのだ。謝罪は、コンピュータの誤動作で一四〇〇もの便が欠航となり、数千人の乗客が足止めされたという状況設定で行われた（アラスカ航空が実際に起こしたトラブルに基づく設定である）。

架空の謝罪会見は、CEOの表情が、機嫌よさそう、悲しそう、どちらでもない、という三通りのパターンで行われた。ただし言葉上は、どの謝罪にも効果的な謝罪の五つの要素が含まれていた。

三つのパターンの記者会見のそれぞれに聴衆が集められたが、ＣＥＯが悲しそうな表情で行った謝罪を聞いた人は、ＣＥＯは誠実だと感じ、欠航のトラブルを大目に見てもいいと考えた。対照的に、ＣＥＯが笑みを浮かべて謝罪するのを聞いた人は、ＣＥＯを信頼する割合が低く、会社への否定的な感情を増幅させた。

経験豊富なリーダーでも、いざ謝罪しなくてはならない状況に置かれると、不快に感じるものだ。不快感を覚えた時の人間の通常の反応は、しかめ面、ぎこちない笑い、あるいは緊張をほぐそうとして発する冗談めかした発言などだ。

リーダーたる者、悲しそうな表情や苦しそうな表情を浮かべるべきではなく、常に前向きな姿勢を見せなければならないという考えも根強い（特に米国人はその傾向が強い）。理解できなくはない本能的反応であり考え方ではあるが、ブリンケとアダムズの研究は、それが火に油を注ぐ危険性があることを明らかにした。

自分の非を認めないことによる、大きなマイナス

もう一つの論文は、『ジャーナル・オブ・コーポレート・ファイナンス』に掲載されたもので、このテーマに興味深い視点をつけ加えた。(注2) 研究を行ったドン・チャンス、ジェームズ・シコン、スティーブン・P・フェリスは、一九九三〜二〇〇九年にかけて、業績を悪化させた企業が発表した一五〇のプレスリリースと公表後の企業の株価の動きを調べた。

その結果、業績が悪化した時、外部要因のせいにする企業は、自社の力不足を認める企業より二倍多いことがわかった。そして、外部要因のせいにする企業の財務状況は、その後も引き続き悪化していることも判明した。

反対に、収益悪化について自らの責任を認めた企業は、まもなく収益状況を安定させ、やがて上昇に転じていた(ただし、興味深いことに、いずれの場合でも、その後のCEOの解任という点では有意な差は認められなかった)。

どうしてこのような結果が生じるのだろう。三人の研究者は、多くの影響要因を排除したうえで、次のような結論を導いている。自己批判の声明に不可欠な二つの特徴——誠実であるこ

とと、問題を発生させた原因を具体的に説明すること——があれば、投資家の気持ちを前に向かせるだけでなく、事態収拾とそこからの立ち直りが早まる。

逆に、外部要因のせいにしたり（「経済状況のせいでやむをえない」）、相手の非を指摘したりすると（「負傷者の多くは本人にも原因があります」）、業績にマイナスの影響があり、不誠実とのそしりを受けることになる。

以上からわかる教訓は明確で、取り違えようがない。不祥事を起こしたら非を認めること、そして、謝罪の意を示す表情を適切に浮かべることだ。

サラ・グリーン・カーマイケル（Sarah Green Carmichael）
『ハーバード・ビジネス・レビュー』（HBR）エグゼクティブ・エディター

10

Harvard Business Review
Emotional Intelligence AUTHENTIC LEADERSHIP

リーダーは感情をあらわにすべきか

ゴータム・ムクンダ
Gautam Mukunda
ジャンピエロ・ペトリグリエリ
Gianpiero Petriglieri
アディ・イグナティウス
Adi Ignatius
サラ・グリーン・カーマイケル
Sarah Green Carmichael

"Are Leaders Getting Too Emotional?"
HBR Idea Cast (podcast), March 17, 2016.

政治の世界でも職場でも、リーダーが泣いたり声を張り上げたりする場面はよく見られる。この現象への理解を導くため、『ハーバード・ビジネス・レビュー』(HBR)の「アイデア・キャスト」(ポッドキャスト)にて、ともに組織行動学の専門家であり、HBRへの寄稿もあるハーバード・ビジネススクールのゴータム・ムクンダと、INSEADのジャンピエロ・ペトリグリエリを招いた。聞き手は、HBR編集長のアディ・イグナティウス、同誌エグゼクティブ・エディターのサラ・グリーン・カーマイケル。

私たちは以前より感情的になっているのか

サラ・グリーン・カーマイケル:まず、ゴータムにお尋ねします。歴史上の重要なリーダーについて研究されていますが、いま私たちが目にしているような、リーダーたちの感情過多とも言える傾向は、新しいものでしょうか。それとも、実は昔からこうだったのでしょうか。

ゴータム・ムクンダ:もちろん、昔にもそういう場面はあったでしょうね。たとえば第一次世界大戦以前のプロイセンで、ビスマルクは皇帝と議論になった時に癇癪《かんしゃく》を起こし、自分の政策が採用されないのなら窓から飛び降りる、と言ったのは有名な話です。昔といまで変わってきたという印象があるのは、以前には一般的ではなかった、公の場で感情をあらわにすることが、いまでは許容されるようになってきたからだと思います。

ただし、ごく近代まで、リーダーが生身の姿を一般の人に見られるということ自体、非常に珍しかったということとも関係があります。いまでは誰もが、それこそ大統領から無名の一般人まで、ほんの一世代前の人々と比べれば、はるかに多くの人に見られています。

サラ：たしかに今日のリーダーは、よりパブリックな存在になっています。併せて「オーセンティシティ」も重視されています。これはちょっとした流行語です。涙したり、声を張り上げたりすると、その人の人間らしさが漂いますね。ジャンピエロはどう思いますか。リーダーたちは、自分らしさを見せるために、泣いたり叫んだりしているのでしょうか。

ジャンピエロ・ペトリグリエリ：リーダーが本来の自分らしくあるかどうかは、誰も気にしていないと思います。気にしているのは、首尾一貫しているかどうかでしょう。とはいえ、感情を表現するのは、自分の言葉は本気だということを示す優れた方法だと思います。

リーダーに関して二種類の区別があります。第一に、抑制の効いた振る舞いが求められ、感情をあらわにすると問題になるような、何らかの権力の座に就いているリーダーです。ゴータムが述べたように、その規範自体も変わりつつありますが。

第二に、感情の表出が大いに求められるようなリーダーです。感情は、リーダーとフォロワーのつながりを形成します。肩書だけでは、人々からリーダーとして受け入れられるとは限りません。

実際、感情を表に出すことは、「ほら、私はここにいますよ」と主張する一つの方法です。「私の話をよく聞いてほしい。私は皆さんの懸案事項を踏まえて語っていますよ」という意思表示です。感情は、権力を持つ人が他者を引っ張っていくための方法なのです。

アディ・イグナティウス：人々はリーダーが自分らしくあるかどうかなど気にしていないとおっしゃいましたが、それはマネジメント界全体への挑戦のように聞こえました。リーダーは自分に忠実であるべきと考えられているからです。

その点について、特にリーダーの感情表現という文脈で説明してもらえますか。あなたの意見は、リーダーは必要なら何にでもなれる、感情的になることもできる、というマキャベリストの見解のように聞こえます。でもその一方で、首尾一貫していることが大切だとも言われました。だからこそ有能なリーダーなのだと。その兼ね合いについても話していただけますか。

「オーセンティシティ」ということの二つの意味

ジャンピエロ：オーセンティシティという言葉には二つの異なる意味があります。一つは、自然な自分の感情の発露という意味です。いまこの瞬間、私はまさにこう感じている、と表明することです。ところがそれは、リーダーのあり方としては、あまり適切でないことが多い。

もう一つの意味は、私はあなたたちが感じているのと同じ感情を、しっかりと、一貫して、本音で表明している、ということです。ある程度同じ懸念や問題意識を共有している、私は多くの点で、あなたたちと同じことを気にかけているし心配もしている、という意思表示です。

後者は、人々の目に映るリーダーが常にやっていることです。マキャベリ的にやる時もあるけれど、嘘偽りがない時もあります。

実際、人が誰かに従おうと決めるのは、自分が気にかけていることを、その人も心から気にかけてくれていると思うからです。政治ではおなじみの話ですよね。選挙運動中の候補者は有権者に向かって、「私はあなた方と同じ、あなた方の仲間の一人です」と訴えます。「同じように生きてきて、同じことを気にかけているのです」と。

「しかし、私の対立候補はそうじゃない、自分のことだけを考えているんです」と訴えるわけです。その対立候補も、やはり同じことを言う。「いやいや、この私こそ、皆さんが気にかけていることを重視しているのです。あの候補者は自分のために動いてますよ」とね。

自分は皆さんの仲間だ、対立候補は自己の利害で動いている、と有権者を説得できた候補者が、誰であれ当選するわけです。

要するに、リーダーが当人自身にとって本当のことを表明しているかどうかを、人々は特に重視しているわけではない、ということです。本当に気にしているのは、リーダーが人々自身にとって意味のある感情を表現しているかどうかなのです。

そこに、感情の表出が諸刃の剣である理由があります。感情表現は時に、利己的動機の表れと見なされるからです。相手のことを思わない、自己中心的な感情表現もありますからね。

そして、寛容さを印象づける感情表現もあります。あなたと私の気持ちは同じだ、としっかり伝わる表現です。ビル・クリントンのことを覚えていますか。

一九九二年、彼は最初の大統領選挙の大会で、(演説を妨害しようとした活動家に向かって)言いました。「あなたの痛みを、私も感じます」と。一期目の大統領選の、伝説的な一幕となりましたね。リーダーなら誰もが常にやろうと努めていることを、彼は実行したのです。

リーダーは、常に操作主義的なわけではないし、マキャベリ的というわけでもない。人々と状況についての理解を共有しているということ、人々と同じ経験をしているということを、誠実に伝えようとすることも多いのです。それは私たちのほとんどが、リーダーの役割を委ねる人に常に求めてきたことでもあります。

リーダーは私たちの状況を頭で理解するだけではありません。私たちと同じ状況に置かれたら感じるであろうことを、心で感じます。リーダーは人々の痛みを感じる。リーダーは人々の懸念を感じる。人々と同じ願いを持つ。人々が欲するものを欲するのです。

それこそが、リーダーには自己に忠実であってほしいという私たちの願いです。こちらの苦境をリーダーに理解してもらいたいのです。その時たまたまリーダーが個人として実感していることをしゃべってもらいたいわけではありません。

リーダーには共感力が求められる

アディ：単純化して言えば、共感力とＥＩ（感情的知性）こそがリーダーシップのカギだということでしょうか。ゴータム、あなたは同意しますか。

ゴータム：共感力とＥＩは、リーダーシップのきわめて重要なカギです。トランプ現象を見て、人々はリーダーの本音を聞きたがっていると評されます。でもそれは、口先だけのことです。人々が聞きたいのは、リーダーの本音ではなく、自分たちに力を与えてくれる言葉なのです。注目すべきは、「リーダーの本音が聞きたい」と言っていた人たちが、実際には本音ではなく、「自分の聞きたいこと」を言ってくれるリーダーを支持するということです。そこにはある種の二重思考があります。「ドナルド・トランプは、彼自身が本当に考えていることを言っている。そしてそれは、私の考えと完全に一致している」と思い込むわけですから。

人々にそう思わせる言語能力は、権力をつかむための強力なツールである、という事実はとても興味深いと思います。

ジャンピエロのコメントで、人々はいかに自分本位ではないリーダーを望んでいるか、集団全体やフォロワーの幸福を自分自身と同じように大事にするリーダーを求めているかがわかりました。政治権力の座をめぐる争いは、本質的に、反対陣営の候補者を自己利益のみで動いていると決めつける競争だということも。

これは、ほぼすべての組織に当てはまる真実だと思います。自分本位のリーダーについていきたいと思うフォロワーはいませんから。

そこに、感情表現はどう関わってくるのでしょうか。たとえば、どんなに巧《うま》い俳優でも、涙を流す演技を即興でやるのはきわめて難しいそうです。プロの俳優でさえ苦労するのです。オバマ大統領は、学校での銃の乱射で殺された子どもたちを悼《いた》んで泣きましたが、それは心底からの感情の表れだったのだと思います。

驚いたのは、その声明に対して多数の保守派が、オバマは心にもない涙を流せるように演台の下にタマネギか何かを隠していた、などと言い出したことです。この反応には二つ理由があると思います。一つは、大統領がこらえきれずに涙を流すということに強いインパクトがあったということ。もう一つは、多くのいたいけな子どもが撃ち殺されても涙を流さずにいられるという、オバマ批判者たち自身の人間性の表れだということです。

ジャンピエロ：人々はリーダーに、ただ自分の考えを話してもらいたいわけではない。リーダーも同じように感じてくれている、ということを見せてもらいたいのです。彼らの本当の気持ちをリーダーが表現してくれるのを見たいのです。

もちろん、誰もが同じ感情を共有するわけではありません。ただ、ゴータムが例に挙げたオバマの涙はきわめて強力なメッセージでした。一人のリーダーを人間らしく見せるものでした。もちろん、オバマと同じように落胆し、狼狽《ろうばい》していた人にとっては、大統領が見せた人間らしさは、彼のリーダーシップを強める効果があった。逆に、事態をオバマのようには解釈しない人、同じ感情を共有しない人にとっては、彼の人間らしさはリーダーシップを弱めることにつながった。それが、感情を表に出すことが諸刃の剣であるゆえんです。

リーダーが表に出している感情を共有する人は、そのリーダーに親近感を抱き、いっそう強いリーダーシップを感じる。逆に、その感情を共有できなければ、リーダーが突然遠い存在のように感じられ、操作主義的だとか、マキャベリストだとか、いろいろ疑い始めることになる。

オバマの例は、世界で最も強力なリーダーの地位にある人が悲劇を直視した時でした。それは、任期中の彼の全権力をもってしても阻止できなかった悲劇でした。

つまりあの涙は、自分の力の限界に対するフラストレーションの表明でもありました。それも自分だけの感情ではなく、政治的意思と行動力があれば容易に阻止できた悲劇だったと感じている、多くの人々の気持ちに寄り添って表現されたものでした。銃規制に必要な改革を行う政治的意思が足りなかったために防げなかった、という思いの表明でした。

ジェンダーや人種で感情表現の影響は違ってくるか

サラ：もしそれが女性大統領だったらどうでしょう。男性が感情の高ぶりをこらえきれずにいるのと、同格の女性がそうなるのとでは、受け止められ方は異なるでしょうか。

ゴータム：それは間違いなく違いますね。感情的すぎるという批判は、ジェンダーに根差した古典的なレッテル貼りで、女性リーダーにつきまとうものです。

ただし興味深いのは、ヒラリー・クリントンが二〇〇八年、ニューハンプシャー州の選挙集会で目に涙を浮かべた時です。選挙運動中のハイライトのように騒がれました。これが一つの転機となって、ニューハンプシャー州の予備選では形勢を逆転し、オバマに勝ちました。

それまで、ヒラリーを攻撃する人は、彼女のことを「ロボットみたい」と言っていたのです。涙は、その印象を変える画期的な出来事だったわけです。

アディ：感情を表に出すということは、ほとんどの女性リーダーにとって、男性リーダーの場合よりはるかに危険だと思います。ジェンダーにまつわる偏見を刺激し、敵対者がたちまち攻撃してくるでしょうから。

サラ：では、人種による違いはどうでしょう。ここにも偏見があるかもしれません。涙ではない、たとえば怒りの感情をオバマがあらわにしたらどうでしょう。ヒラリーだったら問題にならなくても、オバマだったら問題になるかもしれない。

ゴータム：間違いなく、問題になるでしょう。オバマは何度か、自分をどのように見せるべきかについて述べています。彼はその点について深く考えており、非常に内省的な人物です。

彼は、「怒れる黒人」として見られることだけは、何よりも、何としてでも避けようと努力してきた、と語っています。「怒れる黒人」というのは、彼自身が使った言葉ですよ。その思いが、人からどう見られたいかという彼の願いを、深いところで形づくっていると言えるでしょう。

オバマは米国の人種状況を踏まえて、リーダーである自分は絶対に怒りを外に出してはいけないと感じていました。実際、再選前には、怒りの感情は完全に心の中に押し込めていました。一期目の四年間、私は彼が怒るところを見たことがない。再選後、とりわけ任期最後の年には、もっと自由に感情を表現していたし、大いにそれを活用することもありましたが。

アディ：女性エグゼクティブにも、感情を抑えなさいとアドバイスしますか。たとえフェアではなくても、女性リーダーが公の場、従業員の前で泣くと反感を買うという状況は、いまも社会に根強く残っていますからね。

ゴータム：まず、どのリーダーにも、感情を抑えるためにできるだけ努力するようアドバイスします。男性にも女性にも。感情をあらわにすることのインパクトは、そうした態度を滅多に見せないからこそ発揮されるわけです。

ジョン・ベイナー（米国下院議員）の涙もろさは、ワシントンではジョークのネタになっていますが、その性格が彼のリーダーシップに貢献しているとは思いません。オバマがベイナーと同じような振る舞いをしたら、驚愕でしょうね。私が記憶する限り、そんな大統領を見たことがありませんから。

男性でも女性でも、いつも非常に感情的だとしたら、それはリーダーとしては多かれ少なかれマイナスになる可能性が高いと思います。ただし、とても不公平ではあるけれど、女性は男性よりその点で厳しい目で見られているということです。

もちろん女性リーダーたちは、そんなことは百も承知です。男性には適用されることのない基準で自分が評価されているという事実について、いつも深く考えさせられているのです。実際、女性リーダーにジェンダーがらみの攻撃を仕掛けるのは、本当に簡単なんです。感情的すぎるとか、深く考えないとか言っておけばいいわけですから。評価の分かれる女性リーダーなら、特に注意が必要です。そういった批判で足を引っ張ろうとする人が狙っています。

サラ：ジャンピエロ、何かつけ加えたいことがありますか。

ジャンピエロ：では、怒ることと泣くことについて一言。私は基本的に、偽りの怒りを見せることは、偽りの悲しみを見せるよりもはるかに簡単だと考えています。そしておそらく、怒りは人々からの不信感もはるかに買いやすい。リーダーは、何をすべきか、何をすべきでないかについて、一般の人々が持っている固定観念からくるプレッシャーにさらされています。

リーダーにはある程度、抑制的な態度を維持することが求められているのはたしかです。政治やビジネスで高い地位にあるリーダーや、人から見られることの多いリーダーは特に。この大原則は頭に入れておくとよいでしょう。また、自称ではなく本当のリーダーになりたい人は、自分の役割と個人的な感情生活との間に何らかの折り合いをつける必要があります。

そして、自分は感情を表現すべきか否かを吟味するだけにとどまらず、自分と他者のことをもっと丁寧に考えて、どのように感情を表現すればよいかを自問すべきです。

組織の雰囲気に敏感であればわかることですが、感情は常に表現されているものです。私が経営陣のサポートをする時、最初にする質問は、「あなたは感情を外に出していますか」ではありません。「あなたは感情をどのように表現する傾向がありますか」と尋ねます。

たとえば、グループの意見に反対を表明する古典的な方法の一つに、みんなが集まる場に参加しないという方法があります。あるいは、会議にわざと遅刻する、みんなが活気づいているなかで沈黙を保つといった方法もあります。それは不満のあからさまな表明であり、時に敵意の表現とさえ受け止められます。

当人がその感情を口に出したのか、話し合ったのか、相手がその感情を読み解いたのかどうかは別の問題です。口に出していないからといって、あるいは涙を流していないからといって、強い感情を表現していない、あるいは感情をうまくコントロールしている、と考えるのは間違いです。あまりに感情を押し殺した反応は、非常に不適切で効果がない場合が多いのです。

リーダーとして重要なことは、自分の感情を理解するということです。その感情は誰の気持ちと同じなのか。自分はなぜそのように感じているのか。その時の気分が表面に出ただけ、として片づけているのか。

あるいは、自分の感情を見つめることで、自分の周りで何が起こっているか、自分が責任を負う人たちに何が起こっているかを深く考えることができているのか。自分の感情の意味を理解して、それを実際に役立つ形、つまり、仕事を前進させる形で表明できるのか、などです。

仕事に情熱を注ぐことには危険が伴う

サラ：シェリル・サンドバーグは、自分の職場で感情をどう扱ったかについて、ハーバード・ビジネススクールのイベントでこのように語っています。
「私は職場で泣きました。それを人に話したら、シェリル・サンドバーグはマーク・ザッカーバーグの肩に寄りかかって泣いたと記事に書かれてしまったのですが、さすがにそれは事実で

はない」（聴衆笑）

「私は自分の希望や恐れについて話します。他の人には、その人の希望や恐れを尋ねます。私は、自分の強さも弱さも正直に受け入れて、自分らしくあろうと努めています。他の人にも同じようにすることを勧めています」

さて、内面をここまで仕事の場に持ち込むことにリスクや代償はありますか。少なくとも米国の職場に今世紀の初頭まで存在していた、人工的な壁に囲まれたまま過ごすよりはましかもしれません。ただその一方で、感情をあらわにするというのは疲れることではないか、とも思うわけです。

ジャンピエロ：もちろん、疲れます。最近では、仕事に情熱を燃やすというのが流行り言葉になっています。仕事との関係をロマンティックな恋愛関係のように表現しているわけです。

人を熱くさせない激しいロマンスなどというものはありません。情熱とはその定義からして、人を熱くさせることです。それは、常にポジティブな熱とは限らない。ネガティブな熱もある。

ラテン語を持ち出すと、情熱（passion）の語源はパッシオ（passio）で、「苦しむ」という意味があります。聖書でキリストのパッション（受難）と言えば、イエスが幸福だったという意味ではなく、意義のある苦しみを意味しているわけです。

この頃では、情熱を持って打ち込める仕事について考える時、私たちはそれを仕事の意義・やりがいに結びつける傾向があります。苦労するけれど、やる価値がある仕事。自分を高めてくれて、単なる自己利益を超越した仕事。そして自分を幸せにしてくれる仕事です。

たとえば、ゴータムが私に六カ月分の報酬を払うと言ってくれたら、もちろんハッピーです。実にありがたい。激しく感謝します。でも、それは私にとって、生計を立てるための意義ある方法ではありません。自分の手で獲得した稼ぎではないからです。誰かにとって価値ある何かを成し遂げた対価でもないからです。

素晴らしい休暇を過ごす経済的余裕ができるでしょうから、とても嬉しいことなのですが、生活費を稼ぐための意義ある方法ではない。ですから、情熱を持って打ち込める仕事といっても、そこにはさまざまな経験がありうると考えておくべきです。

前向きで、楽しく、夢中になれる経験もあります。同時に、困難なものもある。自分の根幹が試されるような経験もある。

リーダーシップというのは、仕事における情熱というコインの両面を受け入れることに尽きます。もちろん、それは疲れます。ですから私はいつも言っているのですが、仕事を愛するということに関しては、よくよく注意しなくてはなりません。

第一に、仕事は愛を返してくれないからです。人間を愛してくれるのは人間だけです。第二に、ひとたび仕事に入れ込むと、仕事上の出来事が自分の自己認識に大きな影響を与えうることを覚悟しなければなりません。

たとえば、誰かと非常に深い恋愛関係にある時、「この人とうまくいかないなら、それでも別にかまわない。次の誰かを見つけるだけだ」と思う人はいないでしょう。失恋すれば悲しみにあふれ、心が打ちのめされるだろうとわかっています。

それは仕事にも当てはまります。人々は仕事に対して強い愛着を持ちたいと思っている。それでいて、素早く切り替えたり乗り換えたりできるようになりたい、とも望んでいる。

これは人間の本性と相いれません。仕事への情熱を肯定したら、仕事が自分を苦しめるかもしれないということも受け入れる必要があるのです。時折生じうる、そうした苦しみに向き合う覚悟ができていないなら、リーダーになろうと思わないほうがいい。人を導く準備ができていないということです。

サラ：ゴータム、情熱について考えを聞かせてください。仕事は情熱の対象であるべき、というのが最近のトレンドのようなので。あなたも情熱について多くの人が話しているのを聞くことがありますよね。夢を追いかけろとか、情熱のおもむくままにとか。

過去の歴史において、あるいは他の文化においてはどうなのでしょう。たとえば、日本の経営者が人前で泣きながら謝罪している場面を集めたネット動画を見つけました。米国ではあまり見かけない光景です、どんなに強烈な情熱があったとしても。そんなことも含めて、少し視野を広げるようなコメントをいただけるでしょうか。

ゴータム：最初に留意しておくべき点があります。仕事には情熱を注ぐべきだと言う時、誰に向けてそう言っているのかをわきまえておくことが重要です。清掃員に「心からの情熱を持って仕事に打ち込め」と言う人はあまりいないでしょう。つまり、仕事への情熱という話は、社会的にある程度成功している人々による、やや特権的な議論だということです。

そのこと自体が多くのことを物語っています。そういう仕事は報酬もいいけれど、半面、信じられないほど時間が取られる。仕事だけで手一杯になってしまうのです。

マッキンゼー・アンド・カンパニーで働き始めた二、三日目のことを覚えているのですが、上司のエンゲージメント・マネジャーからこう言われました。きみはこの職場で、家族と過ごすよりもずっと、ずっと多くの時間を費やすことになる、それを忘れるな、とね。捧げる時間の量で測れば、仕事はどんな人間関係よりも重要だと言えます。

サラ：すごい話ですね。

ゴーダム：そう言われて、私はこう考えました。よし、わかった。彼が言っていることに間違いはない。それを否定することはできない。そうでしょう？

そして間違いなく、マッキンゼーで働いていた間、家族と過ごすよりずっと多くの時間を仕事に費やしました。私と同じような状況に置かれた人、つまり、長時間労働を余儀なくされている人は、仕事への情熱と深い関心がなければ、苦しむことになるでしょうし、その仕事に熱練することもないでしょう。
金銭報酬だけのために週八〇時間働きますという人は、世界でも非常に少ないのです。いないわけではないが、それほど多くはない。

企業として、感情表現をどこまで許容すべきか

アディ：ここまで、CEOや経営幹部、高い地位に就いている人が、感情をどこまで抑制すべきか、どこまで表に出すべきかについて議論してきました。それでは、リーダーは職場文化をつくるなかで、人々が場合に応じて見せる涙や強い情熱の表現を、どこまで許容すべきでしょうか。
つまり、許容される感情表現の範囲を個人の判断に委ねるのではなく、企業として、どこまでなら安心して感情を表に出してかまわないことにするか、という問題です。

ゴータム：どんな企業文化を持ちたいかによって違ってくるでしょうね。『ライアーズ・ポーカー』(注1)を覚えていますか。一九八〇年代に著者のマイケル・ルイスが提起した問題です。彼はトレーダーについて書いています。当時、携帯電話はまだなくて、電話は電話線でつながっていた。特別に長い電話線がついた専用電話をあてがわれているトレーダーは、怒った時に遠くから人に電話を投げつけることができた、と書かれています。(一同笑)

かなり劇的な感情表現ですが、その種の感情表現が評価され、歓迎さえされる職場文化が間違いなく存在していたわけです。外からそれを見る私たちは、それって病気だろうと思うのですが、彼らにとって世界はそういうものだった。

職場での感情表現について言うなら、怒りの感情も忘れてはいけません。怒りの感情表現が期待される環境というものが、たしかにたくさんありました。歓迎というほどでなくても、怒りの表現が仕事でのやりとりにつき物というような文化です。

マネジャーは、強い感情のみではなく、もろい感情を見せるリーダーを育てたいのか、それが受け入れられる環境をつくりたいのかということにも、この問題はつながります。つまり、傷つきやすさとか弱さの表れと見なされがちな感情の表現が許容され、それが当人の信用性や立場を危うくするようなことのない職場です。

ジャンピエロ：英国の組織心理学者デイビッド・アームストロングは、感情について重要な区別をしています。彼によれば、感情は組織にとって邪魔になると見なすこともできるし、知識や情報の源泉と見なすこともできる。リーダーは感情を障害物とせず、知識として扱える場合が多い、という指摘です。ですから、私はいつも、なぜ私はこう感じているのか、なぜいまこういう気分でいるのか、と自問するようにしています。

またゴータムは、感情は権力と無関係ではないという観点から、特権を与えられた者の軽薄さについて話しましたが、私もまったく同感です。実際、企業と協働する時はいつも、本当の力を持っているのは誰かを見極めようと努めていますが、他者に気兼ねなくこう言える人に目をつけます。「あなたはもっとオープンになるべき、もっと自分らしく振る舞うべきだ」と。

そういう言い方をする人こそ、実質的なリーダーなのです。権力のある人は、常に特定の振る舞いをしなくてはならないというプレッシャーを感じると同時に、他の人に対して「もっと感情を表現すべきだ」と促すことをまったく躊躇しません。だから、ああこの人がリーダーに違いない、とわかるのです。

サラ：締めくくりにふさわしい、大切な指摘でした。お二人に感謝します。

ゴータム・ムクンダ（Gautam Mukunda）
ハーバード・ビジネススクール助教授。組織行動学を担当。

ジャンピエロ・ペトリグリエリ（Gianpiero Petriglieri）
ＩＮＳＥＡＤ准教授。組織行動学を担当。医学博士号を持ち、精神医学の専門家。リーダーシップ開発の研究と実践を行う。

【聞き手】アディ・イグナティウス（Adi Ignatius）
『ハーバード・ビジネス・レビュー』（ＨＢＲ）編集長。

サラ・グリーン・カーマイケル（Sarah Green Carmichael）
『ハーバード・ビジネス・レビュー』（ＨＢＲ）エグゼクティブ・エディター。

diversityinc.com/ diversity-facts/wheres-the-diversity-in-fortune-500-ceos/.
3) S. Hewlett et al., "Cracking the Code: Executive Presence and Multicultural Professionals," *Center for Talent Innovation*, 2013.
4) S. Hewlett et al., "Vaulting the Color Bar: How Sponsorship Levers Multicultural Professionals into Leadership," *Center for Talent Innovation*, 2012.
5) S.Hewlett et al., "Innovation, Diversity, and Market Growth," *Center for Talent Innovation*, 2013.

9. 謝罪では自らの責任を認めること

1) L. ten Brinke and G. Adams, "Saving Face? When Emotion Displays During Public Apologies Mitigate Damage to Organizational Performance," *Organizational Behavior and Human Decision Processes* 130 (2015): 1–12.
2) D. Chance, J. Cicon, and S. Ferris, "Poor Performance and the Value of Corporate Honesty," *Journal of Corporate Finance* 33 (2015): 1–18.

10. リーダーは感情をあらわにすべきか

1) Michael Lewis, *Liar's Poker: Rising Through the Wreckage on Wall Street*, W. W. Norton & Company, 1989.（邦訳『ライアーズ・ポーカー:ウォール街は巨大な幼稚園』角川書店、1990年）

Trust," *Leadership & Organization Development Journal* 26, no. 1 (2005): 6–22; T. Searle and J. Barbuto, "Servant Leadership, Hope, and Organizational Virtuousness: A Framework Exploring Positive Micro and Macro Behaviors and Performance Impact," *Journal of Leadership & Organizational Studies* 18, no. 1 (2011): 107–117.

8) T. Bartram and G. Casimir, "The Relationship Between Leadership and Follower In-Role Performance and Satisfaction with the Leader: The Mediating Effects of Empowerment and Trust in the Leader," *Leadership & Organization Development Journal* 28, no. 1 (2007): 4–19.

9) R. Boyatzis et al., "Examination of the Neural Substrates Activated in Memories of Experiences with Resonant and Dissonant Leaders," *The Leadership Quarterly* 23, no. 2 (2012): 259–272.

10) K. Cameron, "Forgiveness in Organizations," *Positive Organizational Behavior*, ed. D. L. Nelson and C. L. Cooper (London: Sage Publications, 2007), 129–142.

11) Emma Seppälä, "The Hard Data on Being a Nice Boss," HBR.ORG, November 24, 2014.（邦訳「厳しい上司と親切な上司、どちらが成果につながるか」DHBR.net、2015年3月27日）

12) Stanford GSB staff, "David Larcker: 'Lonely at the Top' Resonates for Most CEOs," Insights by Stanford Graduate School of Business, July 31, 2013, https://www.gsb.stanford.edu/insights/david-larcker-lonely-top-resonates-most-ceos.

13) The Association of Accounting Technicians, "Britain's Workers Value Companionship and Recognition Over a Big Salary, a Recent Report Revealed," July 15, 2014, https://www.aat.org.uk/about-aat/press-releases/britains -workers-value-companionship-recognition-over-big -salary.

5. 新入社員にはまず「自分らしさ」を意識させよ

1) Francesca Gino, Maryam Kouchaki, and Adam D. Galinsky,"The Moral Virtue of Authenticity: How Inauthenticity Produces Feelings of Immorality and Impurity," *Psychological Science*, 2015, Vol. 26(7) 983?996.

2) Daniel M. Cable, Francesca Gino and Bradley R. Staats, "Breaking Them in or Eliciting Their Best? Reframing Socialization around Newcomers' Authentic Self-expression," *Administrative Science Quarterly*, 2018 58:1.

6.「自分らしさ」があだになる時

1) Charlotte Beers, *I'd Rather Be in Charge: A Legendary Business Leader's Roadmap for Achieving Pride*, Power, and Joy at Work, Vanguard Press, 2011.（未訳）

8. マイノリティの昇進を阻む「リーダーらしさの規範」

1) U.S. Equal Employment Opportunity Commission, *Job Patterns For Minorities And Women In Private Industry* (2009 EEO-1 National Aggregate Report), 2009.

2) Diversity Inc. staff, "Where's the Diversity in *Fortune* 500 CEOs?" October 8, 2012, https://www.

【注】

1.「自分らしさ」を貫くリーダーシップ

1) Bill George, *Authentic Leadership: Rediscovering the Secrets to Creating Lasting Value*, Jossey-Bass, 2003.(邦訳『ミッション・リーダーシップ:企業の持続的成長を図る』生産性出版、2004年)

2.「自分らしさ」を保つ工夫

1) Clayton M. Christensen, "How Will You Measure Your Life?," *Harvard Business Review*, July-August 2010.(邦訳「プロフェッショナル人生論」『DIAMONDハーバード・ビジネス・レビュー』2011年3月号)
2) "Relax - it's good for you," *The Sydney Morning Herald*, 20 August 2009.
3) Grossman P, Niemann L, Schmidt S and Walach H., "Mindfulness-based stress reduction and health benefits. A meta-analysis," *Journal of Psychosomatic Research*, Volume 57, Issue 1, July 2004, Pages 35.
4) Britta K.Hölzel, James Carmodyc, Mark Vangela, Christina Congletona, Sita M.Yerramsettia,Tim Gardab and Sara W.Lazara, "Mindfulness practice leads to increases in regional brain gray matter density," *Psychiatry Research: Neuroimaging*, Volume 191, Issue 1, 30 January 2011, Pages 36-43.

3. 弱さを隠さない上司に起こる素晴らしいこと

1) "Report: State of the American Workplace," Gallup poll, September 22, 2014, http://www.gallup.com/ services/176708/state-american-workplace.aspx.
2) C. Lamm et al., "What Are You Feeling? Using Functional Magnetic Resonance Imaging to Assess the Modulation of Sensory and Affective Responses During Empathy for Pain," *PLOS One* 2, no. 12 (2007): e1292.
3) U. Dimberg, M. Thunberg, K. Elmehed, "Unconscious Facial Reactions to Emotional Facial Expressions," *Psychological Science* 11, no. 1 (2000): 86–89.
4) S. Korb et al., "The Perception and Mimicry of Facial Movements Predict Judgments of Smile Authenticity," *PLOS One* 9, no. 6 (2014): e99194.
5) J. Gross and R. Levenson, "Emotional Suppression: Physiology, Self-Report, and Expressive Behavior," *Journal of Personality and Social Psychology* 64, no. 6 (1993): 970–986.
6) K. Dirks and D. Ferrin, "Trust in Leadership: Meta- Analytic Findings and Implications for Research and Practice," *Journal of Applied Psychology* 87, no. 4 (2002): 611–628.
7) E. Joseph and B. Winston, "A Correlation of Servant Leadership, Leader Trust, and Organizational

『Harvard Business Review』（HBR）とは

ハーバード・ビジネス・スクールの教育理念に基づいて、1922年、同校の機関誌として創刊された世界最古のマネジメント誌。米国内では29万人のエグゼクティブに購読され、日本、ドイツ、イタリア、BRICs諸国、南米主要国など、世界60万人のビジネスリーダーやプロフェッショナルに愛読されている。

『DIAMONDハーバード・ビジネス・レビュー』（DHBR）とは

HBR誌の日本語版として、米国以外では世界で最も早く、1976年に創刊。「社会を変えようとする意志を持ったリーダーのための雑誌」として、毎号HBR論文と日本オリジナルの記事を組み合わせ、時宜に合ったテーマを特集として掲載。多くの経営者やコンサルタント、若手リーダー層から支持され、また企業の管理職研修や企業内大学、ビジネススクールの教材としても利用されている。

中竹 竜二（なかたけ・りゅうじ）

公益財団法人日本ラグビーフットボール協会コーチングディレクター、株式会社チームボックス代表取締役、一般社団法人スポーツコーチングJapan 代表理事。1973年、福岡県生まれ。早稲田大学人間科学部に入学し、ラグビー蹴球部に所属。同部主将を務め全国大学選手権で準優勝。卒業後、英国に留学し、レスター大学大学院社会学部修了。帰国後、株式会社三菱総合研究所入社。2006年、早稲田大学ラグビー蹴球部監督に就任。2007年度から2年連続で全国大学選手権優勝。2010年、日本ラグビーフットボール協会初代コーチングディレクターに就任。2012年より3期にわたりU20日本代表ヘッドコーチも兼務。2014年、リーダー育成トレーニングを行う株式会社チームボックスを設立。2018年、スポーツコーチングJapanを設立、代表理事を務める。

ハーバード・ビジネス・レビュー［EIシリーズ］

オーセンティック・リーダーシップ

2019年5月8日　第1刷発行
2022年12月15日　第2刷発行

編　者――ハーバード・ビジネス・レビュー編集部
訳　者――DIAMONDハーバード・ビジネス・レビュー編集部
発行所――ダイヤモンド社
〒150-8409　東京都渋谷区神宮前6-12-17
https://www.diamond.co.jp/
電話／03·5778·7228（編集）　03·5778·7240（販売）

ブックデザイン―コバヤシタケシ
製作進行――ダイヤモンド・グラフィック社
印刷――――勇進印刷（本文）・加藤文明社（カバー）
製本――――ブックアート
編集担当――前澤ひろみ

ISBN 978-4-478-10498-9